ŒUVRES COMPLÈTES

D'ÉMILE SOUVESTRE

ŒUVRES COMPLÈTES
D'ÉMILE SOUVESTRE

PARUES DANS LA COLLECTION MICHEL LÉVY

POISSY. — TYP. ET STÉR. DE AUG. BOURET.

AU BOUT
DU MONDE

ÉTUDES SUR LES COLONISATIONS FRANÇAISES

PAR

ÉMILE SOUVESTRE

PARIS

MICHEL LÉVY FRÈRES, LIBRAIRES ÉDITEURS

RUE VIVIENNE, 2 BIS, ET BOULEVARD DES ITALIENS, 15

A LA LIBRAIRIE NOUVELLE

—

1865

AU

BOUT DU MONDE

LIVRE PREMIER

LE BRÉSIL. — LA FLORIDE

I

On a toujours regardé les colonies comme des *trop-pleins* ouverts à la surabondance des populations, ou comme des espèces de lazarets sociaux destinés à ceux dont le contact pouvait devenir dangereux; mais, bien qu'elles présentent ce double avantage, là n'est point leur but sérieux et leur véritable caractère. Les colonies font surtout des efforts vers l'unité humaine. On peut les considérer comme des avant-gardes composées de ce qu'il y a de plus avide, de plus curieux ou de plus hardi, qui vont porter au loin le génie d'une race et répandre, pour ainsi dire, sa semence. Si l'ancien monde devint romain presque tout entier, ce fut bien moins le fait de la conquête que de la colonisation; le vainqueur qui passe comme Attila ne laisse que la terreur de son nom, celui qui s'établit comme Cyrus finit par absorber les nations vaincues et former un tout d'éléments d'abord contraires.

Pour un peuple, coloniser, c'est donner une plus grande place sous le soleil à ses penchants, à ses croyances, à ses intérêts; c'est faire de la propagande, et la plus énergique de toutes, car elle ne s'adresse pas seulement aux idées, elle coule, pour ainsi dire, dans la chair et dans les os. La race qui s'est ainsi infusée dans toutes les races peut disparaître nominativement des cartes politiques, mais elle survit en réalité dans tous les peuples qu'elle a modifiés; le corps seul a disparu, l'âme reste entière. Rome avait depuis longtemps perdu sa puissance visible, que l'esprit romain régnait partout.

Il ne faut donc point s'y tromper, l'histoire des colonisations d'un peuple n'est, en définitive, que l'histoire de ses tentatives d'influence dans le monde, de ses essais à tout ramener vers son unité. Aussi est-ce toujours aux époques de force et d'expansion que se forment ces entreprises lointaines. Il faut pour cela que la nation ressemble aux plantes vivaces dont la séve surabondante drageonne sous terre et pousse au loin, de toutes parts, des jets puissants.

C'est pour avoir perdu la conscience de cette vérité que la France défend avec tant de peine contre l'Angleterre, depuis un siècle, son influence extérieure, trop heureuse encore, dans cette lutte sans intelligence, d'avoir une rivale inhabile à s'assimiler les autres races, et qui, en agrandissant le nombre de ses sujets, ne semble acquérir que des ennemis de plus.

II

Les colonisations françaises peuvent se rapporter
à quatre époques distinctes.

La première comprend les essais tentés au XVIe
siécle et qui furent plutôt des entreprises militaires
que des établissements sérieux. Aucune des nations
de l'Europe ne connaissait encore à cette époque
l'art de coloniser. Toutes songeaient à imiter l'Espagne, qui avait traité le Nouveau-Monde comme un
homme que l'on égorge pour en avoir les dépouilles. On en était aux Sébastien Cabot, aux Jean Ribaut et aux François Pizarre, c'est-à-dire aux décou-

vreurs et aux aventuriers. Le temps des colonisateurs n'était point venu. — Ce fut alors qu'eurent lieu les deux expéditions des Français au Brésil et à la Floride.

La seconde époque commence à Louis XIII. Ici, les essais sont plus suivis, mieux entendus. Grâce aux efforts de MM. d'Énambuc et Du Parquet dans les Antilles, de Champlein au Canada, du commandeur de Razilli à la Nouvelle-Écosse, du sieur Denis au cap Breton, des résultats furent obtenus, imparfaits encore, mais déjà importants. Richelieu devina ce que la France pouvait gagner à jeter ainsi au loin ses racines; il fonda la Compagnie des Indes-Occidentales sur des bases qui, d'après le jugement d'un écrivain anglais, *devaient rendre nos établissements les plus puissants de toute l'Amérique*[1]. Malheureusement les conditions qu'imposait l'ordonnance constitutive de la compagnie ne furent point exécutées, et nos colonies s'accrurent lentement jusqu'à Colbert, qui comprit enfin que les

1. Voyez *The natural and civil History of the french dominions* by Jefferys.

deux grandes questions de la marine et de l'industrie étaient là tout entières.

Ce fut la troisième époque pour nos colonisations, celle de leurs développements, de leur prospérité. Déjà plus puissants que les Anglais en Afrique et en Asie, nous pouvions entrevoir, en Amérique, la prochaine conquête de leurs établissements, qu'entouraient les nôtres et que nous tenions pour ainsi dire bloqués [1]. Les lâchetés du règne de Louis XV vinrent tout changer. Six années suffirent pour perdre ce que nous avions mis un siècle à acquérir, et le traité de Paris assura aux Anglais la possession de leur conquête.

Cette époque de désastres et de ruine forme la quatrième partie de notre histoire coloniale. Ceux qui voulaient trouver une excuse au criminel abandon accompli par le traité, proclamèrent alors que *le peuple français ne savait point coloniser*. Il eût fallu dire seulement que *le gouvernement français ne tenait point à ses colonies*. Mais on oublia que

1. *Histoire des colonies européennes dans l'Amérique*, par William Burke, vol. II, pag. 24.

ces établissements, qu'on n'avait même pas daigné
défendre, et qui avaient été ajoutés comme un ap-
point insignifiant à la rançon exigée par le vainqueur, étaient l'œuvre de Français livrés à leurs
seules ressources; qu'il avait fallu des prodiges de
volonté, d'audace et de persévérance individuelles
pour les amener à l'état de prospérité dans lequel
les avait trouvés le pouvoir qui venait de les sa-
crifier; que partout, dans le Nouveau-Monde comme
en Afrique, comme dans l'Inde, les colons français
avaient établi leur supériorité sur les Hollandais
et sur les Anglais. La foule, frappée seulement du
résultat, accepta cette confusion du caractère français et de l'esprit de son gouvernement. L'opinion
de notre incapacité colonisatrice se répandit dans
toutes les classes et devint une vérité hors de dis-
cussion. Ainsi le peuple le plus souple dans ses
goûts, le plus gai dans les plus douloureuses épreuves, le plus sympathique pour tout ce qui porte une
figure humaine, le plus hardi dans ses perquisitions
et le moins difficile à conduire, pourvu que son chef
soit le plus digne, ce peuple ne saurait changer de

ciel ni d'habitudes, et serait fatalement destiné à mourir sur le sol où il est né... Étrange mensonge, qui, depuis un siècle, nous tient cerclés dans nos frontières européennes, tandis que l'Angleterre essaime partout sa race énergique et hautaine; dangereux sophisme par lequel se resserre chaque jour la sphère de notre commerce, et qui, insensiblement, éteint chez nous cette ardeur pour l'aventureux et l'inconnu qui est la jeunesse des nations.

Du reste, le récit impartial des faits est le seul enseignement dont on ne puisse récuser l'autorité. En suivant pas à pas les tentatives des Français pour s'établir sur les divers continents, en racontant fidèlement leurs fautes où leurs succès, nous fournirons aux lecteurs le meilleur moyen de les juger avec équité et de voir s'il est vrai que *notre nation ne puisse coloniser*.

III

La découverte de l'Amérique ne fut pas seulement
un événement politique qui créa de nouveaux intérêts pour les peuples de l'Europe, ce fut une secousse
donnée à toutes les imaginations, une sorte de victoire de l'invraisemblable sur le réel. Au milieu
des flots de lumière qui inondaient déjà l'horizon,
les fables charmantes du moyen-âge commençaient
à s'évanouir comme des étoiles au lever du jour.
Nul ne songeait plus à retrouver le *graal* mystique[1];
on avait cessé de croire aux enchanteurs et aux

1. Le *graal*, selon les légendes, était le vase dans lequel Jé-

griffons gardiens de trésors mystérieux, lorsque le
retour de Cristophe Colomb réveilla toutes les cré-
dulités perdues et renouvela le goût du merveilleux.
A ses récits, les aventuriers s'émurent; on vit toutes
ces longues rapières , qui n'avaient jusqu'alors
trouvé d'emploi que sur les grands chemins de la
Manche et des Asturies, sortir à la fois du fourreau,
et des Alexandre en haillons tenter la conquête de
la nouvelle Colchide avec une armée de trois cents
bandits.

On apprit bientôt leurs incroyables succès. Ils
avaient trouvé une contrée où l'or germait à la surface du sol, et où l'homme manquait de fer pour
se défendre; aussi « y étaient-ils entrés par l'épée,
sans rien ouïr ni rien regarder [1], » traitant le
Nouveau-Monde comme une ville prise d'assaut.
Tous ces mendiants d'hier étaient aujourd'hui des

sus-Christ avait célébré la cène. La possession du *graal* assurait
une joie continuelle, une nourriture exquise, une jeunesse éternelle, etc.

1. Joseph A Costa, liv. VI, chap. I.

princes commandant à des nations entières et couvrant la mer de leurs galions !

On comprend quelle sensation dut produire cette fortune inouïe. Il s'éleva dans l'Europe entière un cri de surprise et d'admiration. Tous les yeux se tournèrent vers la nouvelle terre promise, toutes les voix se mirent à interroger. La réputation de ses prodiges alla grosissant. Ce ne fut plus seulement un jardin des Hespérides, mais un Eldórado qui réalisait toutes les fables de la féerie. L'or en était la moindre merveille. Là s'élevaient des rocs entiers de lapis lazuli [1], et se trouvaient des animaux au front desquels brillait l'escarboucle féerique [2]; des plantes souveraines y guérissaient sûrement tous les maux [3]; de miraculeuses fontaines rendaient la jeunesse aux vieillards [4]. Mais les Espagnols et les Portugais, munis de la bulle pontificale qui leur conférait la propriété du Nou-

1. *Description de l'Amérique septentrionale*, par M. Denis.
2. *Histoire naturelle et morale des Antilles*, par Rochefort.
3. *Histoire de la Nouvelle-France*, par Lescarbot, liv. III, p. 367.
4. *Les Trois Mondes*, par de la Popellinière liv. II, p. 44.

veau-Monde, gardaient ces trésors avec un soin jaloux, et tous les moyens leur étaient bons pour les défendre. Ils parcouraient l'Attlanique, brûlant en pleine paix les vaisseaux des autres nations et pendant aux vergues leurs matelots, afin d'éloigner les peuples de leur découverte. A Cuba, des surveillants placés sur les promontoires, indiquaient aux navires étrangers de fausses passes, qui les portaient sur des rochers où ils faisaient naufrage [1]. Longtemps après, leur crainte d'éclairer les autres nations sur l'Amérique était encore telle, qu'ils firent brûler par un édit public tous les exemplaires de l'*Histoire des Indes* qu'avait publiée Joseph A Costa [2].

1. *Conquête de la Floride*, par l'Inca Garcilasso de la Vega, liv. Ier, pag. 25.

2. Voyez la préface de Robert Regnault-Cauxois, en tête de sa traduction de l'*Histoire naturelle et morale des Indes*.

IV

La seule ressource qui restait était donc de faire
de nouvelles découvertes que les Espagnols ni les
Portugais ne pussent revendiquer. Le roi d'Angleterre, Henri VII, fut le premier qui l'essaya.
Ayant entendu parler d'un jeune pilote vénitien,
nommé Sébastien Gavoto, qui habitait Londres et
se vantait de trouver un chemin plus court pour
se rendre aux terres des épices, il le fit venir.
Gavoto, qui était, selon le témoignage de ses con-
temporains, « un homme fort habile aux lettres
humaines et en la sphère, » l'assura qu'en naviguant

toujours vers le nord-ouest, il avait la certitude
*d'aborder au Cathay, d'où il lui serait facile de
remonter vers l'Indie.* Le roi se laissa persuader et
confia au jeune pilote deux caravelles. Il partit
d'Angleterre en 1496 ; mais, au lieu d'arriver aux
Indes, ainsi qu'il l'avait espéré, il rencontra les côtes
encore inconnues de l'Amérique septentrionale. Il
les rangea dans l'espoir de trouver un passage,
jusqu'à ce que le manque de vivres l'eût obligé à
reprendre la route d'Angleterre. L'année suivante,
un autre pilote, Sébastien Cabot, reconnut également ces côtes, déjà visitées, du reste, par les Normands, les Basques et les Bretons, qui avaient
poussé leurs excursions jusqu'à la baie de Saint-
Laurent, où ils commencèrent, vers ce même temps,
à pêcher la morue. Thomas Aubert, pilote de
Dieppe, amena même en France, vers 1508, quelques Indiens du nord de l'Amérique [1].

Mais ces explorations isolées, sans suite, et dont
aucune relation n'avait été publiée, ne pouvaient

1. Jefferys, *ubi supra*, vol. Ier, p. 97.

amener que d'insignifiants résultats. François Ier hasarda enfin, en 1524, les frais d'une expédition qui fut confiée au Florentin Jean Verazani. Celui-ci partit avec quatre vaisseaux et fut porté par la tempête vers la Floride, dont il ignorait la découverte. Il reconnut que le pays était habité, aux grands feux qu'il vit allumés sur le rivage, et se décida à y descendre après l'avoir longtemps côtoyé. Il trouva le sol parsemé d'arbres inconnus dont les fleurs répandaient une odeur suave, ce qui lui fit penser que cette contrée « participait en circonférence avec l'Orient [1]. » Les naturels lui parurent plutôt timides que farouches, et il en obtint tout ce qu'il pouvait désirer. Il longea ensuite la côte jusque vers le cap Breton, se contentant, pour ainsi dire, de constater l'existence de ce continent, qu'il désigne dans ses rapports au roi sous la vague dénomination de *Neuves-Terres*.

Bien que les résultats réels de ce voyage eussent été à peu près nuls, Verazani fut renvoyé avec de

---

1. *Histoire de la Nouvelle-France,* par Lescarbot, liv. Ier, p. 33.

nouveaux navires pour continuer ses découvertes;
mais il ne reparut pas. Le bruit courut seulement
que les Espagnols l'avaient pris et pendu comme
pirate [1]. Le procédé était si ordinaire, que nul ne
s'en émut. Les successeurs de Cortès et de Pizarre
continuaient sur l'Océan, et par les mêmes moyens,
la conquête de l'Amérique.

1. Jefferys, vol. Ier, p. 98.

V

Trente années s'écoulèrent sans que la France, occupée de ses querelles religieuses, songeât à aucune autre expédition. Enfin Gaspard de Châtillon, plus connu sous le nom d'amiral de Coligny, voulant assurer une retraite aux protestants en cas de défaite, se rappela le Nouveau-Monde, et demanda des renseignements à Nicolas Durant de Provins, seigneur de la Villegagnon, alors vice-amiral de Bretagne.

La Villegagnon était une de ces monstruosités morales qui semblent contredire toutes les observations. Prêt à changer de parti toutes les fois qu'il y trouvait son avantage, il avait l'incroyable faculté de se passionner pour chacune de ces opinions de rechange; il y entrait avec emportement, comme si son exaltation eût été aux ordres de son raisonnement. A chaque volte-face commandée par son intérêt, il n'avait besoin, pour ainsi dire, que de traverser l'hypocrisie. Ce qu'il savait profitable à croire devenait presque aussitôt sa croyance sincère, et cette conscience ressemblait aux peaux préparées sur lesquelles on peut successivement tout écrire et tout effacer. Ajoutez à cette singulière facilité de transformation une irritabilité nerveuse capable de le pousser à tous les excès de l'injustice ou de la cruauté, et vous aurez le plus étrange de tous les fous, un fou soumettant sa folie à ses intérêts !

Il venait d'éprouver quelques désagréments de la part de la cour lorsque Coligny lui communiqua son projet. Aussi l'embrassa-t-il avec enthousiasme, et proposa-t-il à l'amiral de le mettre à exécution sur-le-champ. Celui-ci objecta au vice-amiral son titre de chevalier de Malte, qui le rendait peu propre à conduire une entreprise protestante ; mais La Villegagnon, qui désirait le commandement de cette expédition et savait ne pouvoir l'obtenir que par Coligny, lui déclara qu'il avait depuis longtemps adopté dans son cœur la religion réformée et qu'il s'estimerait heureux de pouvoir la pratiquer publiquement loin des persécuteurs.

VI

Il ne restait donc plus qu'à choisir la contrée qui
devait servir de champ d'asile aux protestants français. On fit venir les pilotes bretons qui fréquen-
taient depuis longtemps les côtes du Nouveau-
Monde; mais leurs pêches les portaient vers le nord,
où ils avaient découvert le pays qui reçut plus tard
le nom d'Acadie, Terre-Neuve et les îles voisines.
Ce qu'ils dirent du climat et du naturel farouche
des habitants ôta à La Villegagnon tout désir de s'y
établir. Il s'adressa en conséquence aux pilotes normands qui naviguaient plus au sud. Ceux-ci lui

vantèrent un pays placé sur la côte orientale de l'Amérique et que ses bois de teinture avaient fait nommer Brésil.

C'était, dirent-ils, une terre merveilleuse où le blé, les fruits, les épices poussaient sans culture, et où se trouvaient en abondance les diamants et l'or. On y voyait des arbres de cent cinquante pieds entourés d'un réseau de lianes odorantes qui les faisaient ressembler de loin à des clochers bâtis avec des fleurs. Les sauvages y vivaient par petites peuplades et habitaient peu de temps le même lieu. Ils n'avaient pour armes que le *tacape* [1], les flèches et le bouclier de peau de tapir. Cependant ils combattaient avec courage les Portugais et s'exposaient sans crainte à leurs coups, persuadés que les Indiens vertueux (c'est-à-dire ceux qui avaient tué et mangé beaucoup d'ennemis), sortiraient un jour de leurs tombes pour aller habiter, derrière les montagnes, une plaine délicieuse où ils danseraient éternellement au son du *maraca* [2].

1. Casse-tête.
2. Espèce de sonnette fabriquée avec une calebasse.

Les pilotes ajoutèrent que les Brésiliens aimaient les Français plus qu'aucune autre nation ; que beaucoup de Normands, jetés sur leurs côtes par le naufrage, vivaient dans leurs villages, et que ce serait pour les nouveaux colons des alliés et des interprètes.

Ces considérations décidèrent l'amiral. Il fit comprendre au roi « l'avantage qu'il y aurait à porter ainsi au loin le nom français, » obtint de lui deux bons vaisseaux [1] garnis d'artillerie, un hourquin plein de vivres, dix mille livres en argent, et La Villegagnon partit du Havre-de-Grâce avec sa colonie protestante, le 12 juillet 1555.

Sa traversée fut ce qu'elle devait être à cette époque, une suite de contrariétés, de périls, de privations et de maladies. Avant la découverte de l'Amérique, la navigation n'avait été généralement qu'un cabotage restreint dans lequel les navires ne perdaient de vue la terre que pendant quelques jours ; aussi se faisait-elle facilement et sans grand danger,

---

1. Portant chacun deux cents tonneaux. C'étaient de grands navires pour l'époque.

les moyens étaient proportionnés aux difficultés ;
mais la découverte de Colomb agrandit tout à coup,
outre mesure, le cercle des excursions nautiques.
Une marine, appropriée seulement aux courtes
traversées, se trouva subitement lancée dans les
longs voyages. Les ressources restaient les mêmes,
et les obstacles avaient centuplé. Cette considération
n'arrêta pourtant personne. A peine le pilote génois
eut-il prouvé que l'on pouvait naviguer au loin avec
les vaisseaux en usage, que toutes les nations lancèrent leurs navires sur la grande mer. Noble et
heureux génie de la race humaine, qui lui fait dé-
daigner les difficultés d'une chose pourvu qu'un
exemple la montre possible ! Ce qu'un homme fait,
tous l'essaient sans crainte ; il semble que l'audace
ne soit nécessaire qu'au premier.

VII

Du reste, les récits de ces navigations, qui nous ont été conservés, inspirent à la fois l'admiration, la pitié et l'épouvante. On les prendrait pour les mille variantes d'une même et lamentable histoire. Toujours la soif, la faim, la maladie, les pirates surtout ! Car ce n'eût point été assez des misères inévitables, l'homme y avait ajouté comme à plaisir. L'océan était devenu ce qu'est le désert pour les lions, un champ libre ouvert à la violence et au carnage. Qu'il y eût paix ou guerre, nul ne s'en informait; sur la mer, il n'y avait plus ni Français, ni Espagnols, ni Anglais, mais des forts et des faibles, des dépouilleurs et des dépouillés. « Le droit de chacun sortait de la bouche de ses canons [1]. »

Nos Français, qui souffraient surtout du manque d'eau, voulurent s'arrêter à Ténériffe pour en prendre ; mais les Espagnols les reçurent à coups de canon, bien que l'on fût en paix. La Villegagnon, irrité, s'embossa devant la ville, dont ses boulets commencèrent à battre les maisons, « de telle sorte, dit un témoin oculaire, que les femmes fuyaient par les champs avec les enfants, et, si nos barques eussent été hors les navires, je crois que nous eussions fait le Brésil en cette belle île. » Ils continuèrent ensuite leur route, et arrivèrent à la baie de

---

1. De la Popellinière, liv. III, p. 4. — Lescarbot cite comme un exemple de piété et de modération peu commune, la conduite de ses compagnons lors de son voyage dans la Nouvelle-France : « Il y a eu moyen quelquefois de faire amener les voiles à plusieurs navires qui se sont rencontrés, mais l'on n'a jamais mis en avant de leur faire tort. » On peut voir également quelles étaient alors les habitudes des marins de toutes les nations, dans les voyages de Cabot, de Jannequin et autres.

Ganabara, aujourd'hui Rio-Janeiro. Les sauvages, charmés de leur arrivée, élevèrent pour les recevoir un palais de feuillages et d'herbes odoriférantes, « où, étant venus, dit André Thevet, ne fut question sinon se récréer et reposer sur l'herbe verte, ainsi que les Troyens après tant de tempêtes, quand ils eurent rencontré cette bonne dame Dido [1]. » La Villegagnon pouvait choisir à volonté un lieu pour s'établir sur ces fertiles plages; mais, craignant le voisinage des Portugais, il préféra un îlot d'une liéue de circuit, privé d'eau et presque inabordable. Il y construisit un fort qu'il appela Coligny, creusa une citerne, bâtit une salle destinée au prêche, et éleva autour des cases couvertes de gazon pour ses gens. Ces premières précautions prises, il songea à renvoyer en France les vaisseaux, afin qu'ils pussent annoncer son heureuse arrivée et demander de nouveaux secours.

Pendant qu'ils prenaient à la côte leur chargement de bois de Brésil, de coton, de poivre, de per-

---

1. Voyez *les Singularités de la France antarctique*, par André Thevet, natif d'Angoulême, p. 48.

roquets et de guenons [1], le vice-amiral ordonna
au géographe André Thévet, qui l'avait suivi, de
dresser une carte représentant la rivière de *Ganabara*, et qui pût être envoyée à la cour. Celui-ci,
connaissant le monde, ne laissa point échapper
l'occasion de prouver qu'il comprenait à demi-mot.
Il dessina avec soin une baie où fourmillaient les
dauphins et les baleines, ajouta des îles couvertes
de bosquets, une côte sur laquelle s'élevait une
grande cité appelée ville Henri, encadra le tout de
montagnes, et écrivit au-dessus: *Carte de la France
antarctique*. La Villegagnon loua l'habileté du géographe et expédia son travail à l'amiral « avec une
langue de baleine salée et douze jeunes sauvages. »
Ceux-ci furent offerts au roi, qui, après les avoir
fait baptiser et habiller en pages, les distribua aux
principaux seigneurs de la cour comme les prémi-
ces de notre premier établissement dans le Nouveau-
Monde. Quant à Coligny, que la carte d'André Thevet avait émerveillé, il adressa des lettres à Genève

1. Lescarbot, liv. II, p. 97.

pour engager les Français qui s'y étaient retirés à rejoindre leurs frères du Brésil. Un sieur Dupont, ancien voisin de l'amiral lorsqu'il habitait sa terre de Châtillon-sur-Loing, se laissa persuader; il partit, suivi de quelques jeunes ministres, de femmes et d'ouvriers. La Villegagnon était alors dans toute la ferveur de son protestantisme, aussi les reçut-il avec des pleurs d'attendrissement. Il ordonna d'entonner le psaume cinquième : *Aux paroles que je veux dire*, et conduisit les nouveaux débarqués à la salle du prêche, où le ministre Richer leur adressa une exhortation. Lui-même prit ensuite la parole pour leur déclarer que son intention était de les faire vivre dans la crainte de Dieu, de réformer leurs vices et *d'abolir toutes les somptuosités*. Après quoi il leur fit servir un dîner composé de farine de manioc, de poisson boucané et d'eau de pluie.

VIII

Les choses continuèrent ainsi pendant quelque
temps pour nos Genevois, La Villegagnon leur impo-
sant les plus durs travaux et les laissant manquer
de tout, si ce n'est de prêches[1]. Sur ces entrefaites
arriva un navire de France avec des dépêches de la
cour. C'étaient des reproches adressés au gouverneur, dont on avait appris l'abjuration, et la me-

1. « Il établit qu'outre les prières publiques qui se faisaient
tous les soirs, les ministres prêcheraient deux fois le dimanche
et tous les jours ouvriers une heure durant. » (LESCARBOT, liv. II,
p. 181.)

nace, s'il persistait, de retirer la pension de trois mille livres que lui payait le roi.

Cette lettre jeta le trouble dans la conscience de La Villegagnon. Il commença à douter de l'excellence du protestantisme et à entrevoir des objections auxquelles il n'avait point pensé auparavant. « On ne le rencontrait, dit Lescarbot, que les œuvres du subtil L'Escot à la main. » Enfin, n'ayant pu s'entendre avec les ministres sur la manière de célébrer la cène, il renvoya l'un d'eux en France pour prendre l'opinion des docteurs; mais, pendant son absence, de nouvelles lettres de reproches du cardinal de Lorraine arrivèrent au fort : elles achevèrent la conversion de La Villegagnon, qui, changeant tout à coup de langage, déclara publiquement qu'il regardait Calvin comme un hérétique et renonçait à sa doctrine. Ce fut un grand scandale pour la colonie, presque uniquement composée de réformés. Il en résulta des refus d'obéissance qui aigrirent La Villegagnon et l'amenèrent à une sorte de monomanie tantôt plaisante, tantôt furieuse. Jean de Léri, qui nous a laissé de curieux Mémoires sur cette expédition, assure que l'on pouvait chaque matin deviner l'humeur du commandant par la couleur de l'habit qu'il portait, et que, lorsqu'il était revêtu » de sa robe de camelot jaune bandée de velours noir, » il fallait le fuir comme une bête féroce.

Plusieurs Genevois, ne pouvant plus supporter ses caprices, gagnèrent le rivage, et, après s'être tatoué le corps avec le jus du *genipa* [1], ils rejoignirent les Normands qui vivaient parmi les sauvages. Enfin, l'hostilité devint telle entre lui et ceux qui restaient au fort Coligny, que leur chef, le sieur Dupont, demanda à les ramener en France. La Villegagnon y consentit et les laissa s'embarquer; mais il confia au capitaine du navire qui les emmenait une cassette fermée, en lui ordonnant expressément de la remettre aux magistrats du lieu où il aborderait en France. C'était une procédure contre les Genevois, avec l'injonction à tout homme du roi qui la recevrait, de faire exécuter l'arrêt par lequel ils

1. Fruit qui teint en noir.

étaient condamnés à être *brûlés vif comme hérétiques*. A son arrivée, le capitaine, qui ignorait le
contenu de la cassette, en chargea le sieur Dupont
lui-même, qui l'apporta fidèlement au juge. Par
bonheur, celui-ci était protestant. Loin d'obéir à
l'ordre de La Villegagnon, il avertit les Genevois de
sa perfidie, et leur facilita les moyens de regagner
la Suisse.

Coligny, également instruit de tout ce qui s'était
passé, jura de n'envoyer aucun nouveau secours au
Brésil. Le vice-amiral, ainsi abandonné, revint en
France pour tâcher de se justifier; mais, durant son
absence, les gens qu'il avait laissés à la garde du
fort Coligny furent surpris par les Portugais, qui
les égorgèrent et prirent possession de la *Ganabara*.

IX

Pendant que notre premier établissement réussis-
sait si mal au Brésil, les Espagnols n'étaient point
plus heureux dans la Floride. Cette contrée, qui
avait été aperçue pour la première fois, comme nous
l'avons dit, par Sébastien Gavoto, fut retrouvée en
1512 par Jean Ponce de Léon, qui lui donna le nom
qu'elle a conservé, soit parce qu'il l'aperçut le jour
de Pâques-Fleuries, soit parce qu'elle lui parut de
loin toute verte et fleurissante. « Mais il ne fit, dit
l'auteur des *Trois Mondes*, que saluer et baiser de
la main cette terre sans la toucher [1]. » Son voyage

1. De la Popellinière, liv. II, p. 44.

fut presque tout entier consacré à découvrir, aux
îles Bimini, la miraculeuse fontaine dont les eaux
rajeunissaient. Il la chercha pendant six mois,
allant d'ile en île et buvant à toutes les sources,
« sans en devenir plus jeune pour cela. » De retour
en Espagne, on lui accorda le gouvernement de
tous les pays qu'il avait reconnus, à la condition
qu'il exterminerait, en passant, les Caraïbes, qui
avaient massacré plusieurs Espagnols descendus
dans leurs îles pour faire de l'eau. Jean Ponce débarqua, en effet, à la Guadeloupe; mais il fut forcé
de regagner ses navires après avoir perdu plusieurs
de ses gens qui furent rôtis par les vainqueurs à la
vue de leurs compagnons épouvantés. Ponce, qui
avait été lui-même blessé d'un coup de flèche, se
dirigea vers l'île de Borriquien (Porto-Rico) avec
une des caravelles, tandis que l'autre retournait en
Europe « porter nouvelle comme les sauvages
étaient aussi prêts de manger les Espagnols que
jamais, si on voulait leur en envoyer. »

Le nouveau gouverneur enrôla pourtant d'autres
soldats à Porto-Rico, et fit voile vers la Floride;

mais il y éprouva le même sort qu'aux Antilles. Repoussé par les sauvages, il fut forcé de regagner Cuba, où il mourut de ses blessures.

Deux autres expéditions, conduites par Lucas d'Aillon et Pamphile de Narbaëz, échouèrent également [1]. Enfin Charles V nomma Ferdinand di Sotto gouverneur de la Floride, « avec autorisation d'y ériger en marquisat trente lieues de long sur quinze de large [2]. » Ce Ferdinand di Sotto était un des aventuriers qui étaient revenus du Pérou, portant dans leurs manteaux troués les dépouilles d'*Atabaliba* [3], et qu'un premier succès avait enhardi à toutes les entreprises. Il débarqua en Floride l'an 1534, avec sept cents hommes de pied et trois cents chevaux, sur le territoire du *parakousse* d'Hirriga, auquel il envoya proposer son alliance.

---

1. *Histoire de la conquête de la Floride*, par l'Inca Garcilasso de la Vega. liv. Ier, p. 9.

2. Idem., liv. Ier, p. 16.

3. Il avait été le compagnon de François Pizarre, et rapporta en Espagne, entre autres choses, le coussin couvert de perles sur lequel s'asseyait le roi Atabaliba.

Mais celui-ci, que les Espagnols avaient mutilé dans une de leurs précédentes expéditions, et qui avait vu sa mère déchirée par leurs lévriers, loin d'accepter ces propositions, s'avança pour les combattre. Ferdinand di Sotto n'eut point de peine à le vaincre et à passer outre. Son projet était de parcourir le pays tout entier, afin de découvrir les mines d'or. Il continua donc à s'enfoncer dans les vallées couvertes de maïs dont les épis étaient si hauts, que ses gens les cueillaient à cheval, forçant les sauvages à lui servir de guides, et les faisant déchirer par son chien Brutus lorsqu'ils l'égaraient.

Il fit ainsi huit cents lieues, toujours vainqueur, mais perdant quelqu'un des siens à chaque victoire, jusqu'à ce qu'une fièvre l'emportât après sept jours d'agonie. Ses compagnons, découragés, ne songèrent qu'à regagner le Mexique, où ils arrivèrent au nombre de trois cents seulement, amaigris par la fatigue, brûlés par le soleil, et n'ayant pour vêtements que quelques peaux d'ours ou de lion.

Le mauvais succès de cette quatrième entreprise

dans laquelle avaient péri plusieurs cavaliers de noble famille, et qui avait coûté 100,000 ducats, fit renoncer à la conquête de cette contrée, et la cour de Madrid repoussa les requêtes de Julien de Samano et de Pierre d'Hahumada, qui demandèrent successivement à la conquérir [1].

1. Gommara, liv. II, ch. XLV.

X

Cependant les compagnons de Ferdinand di Sotto avaient rapporté de leur expédition des perles et quelques fourrures qui s'étaient trouvées d'un si haut prix, que, saisis de rage à la pensée des richesses abandonnées par eux en Floride, ils avaient voulu massacrer les chefs qui les en avaient ramenés. Ils parlaient à qui voulait les entendre de temples où les perles se ramassaient comme le sable sur les grèves, et de mines d'or et d'argent dont ils n'avaient pu approcher, mais que les naturels connaissaient. Ces récits, qui arrivèrent aux oreilles de Coligny, le ramenèrent à son premier projet d'établissement dans le Nouveau-Monde. Après quelques hésitations, il résolut de renouveler en Floride la tentative qui avait si mal réussi au Brésil. Il obtint en conséquence de Charles IX l'autorisation nécessaire, fit équiper deux roberges, et en donna le commandement à Jean Ribaut.

Celui-ci partit avec un bon nombre de gentilshommes, d'ouvriers, de soldats, et arriva à l'embouchure d'une rivière de la Floride qu'il nomma Rivière de Mai, parce que l'on se trouvait aux premiers jours de ce mois. Continuant de là à remonter la côte, il reconnut successivement plusieurs autres cours d'eau auxquels il donna les noms de *Seine*, de *Somme*, de *Loire*, de *Charente*, de *Garonne*, et de *Gironde*. Enfin, étant arrivé à une rivière plus large et plus profonde que toutes les autres, qu'il appela Port-Royal, il se décida à ne point aller plus loin.

Les deux roberges se mirent en conséquence à la remonter pour trouver un lieu de débarquement. Officiers, soldats et matelots étaient tous suspendus aux cordages, le cou tendu, l'œil curieux, et prenant, pour ainsi dire, possession par le regard de cette terre qu'ils allaient habiter. Les deux rives étaient ombragées de hauts chênes, de cèdres et d'érables au-dessus desquels les lentisques étendaient leurs draperies parfumées. A chaque coup de vent qui entr'ouvrait la forêt, on voyait s'envoler des perdrix rouges ou des colombes sauvages, puis, pendant les silences, on entendait le bruissement du cerf et des *koueyas* [1] broutant les racines, tandis que le chant des *tonatzulis* [2] invisibles courait au sommet des arbres comme une brise mélodieuse.

Ils arrivèrent ainsi à un lieu plus découvert où les naturels, qui les avaient aperçus, accoururent bientôt en foule. Leur teint était olivâtre, mais ils avaient la taille élégante et haute. Les hommes étaient couverts de manteaux d'étoffes de coton ou

1. Chèvres sauvages.

2. Oiseaux que les Floridiens regardaient comme des messagers du soleil chargés de chanter ses louanges. Ce nom, dans leur langue, signifie *musicien du ciel*.

de peaux de cerf à couleurs variées; les femmes,
de robes pareilles qui les enveloppaient tout entières. Les premiers avaient les cheveux longs,
mais roulés avec soin et de manière à servir de
carquois pour leurs flèches. Hommes et femmes
étaient coiffés, pour la plupart, de peaux de loutre.
Ribaut apprit plus tard que c'était le privilége des
personnes mariées. Quant aux jeunes filles qui
sortaient à peine de l'enfance, beaucoup n'étaient
vêtues que d'un léger tissu de mousse sauvage. On
voyait aussi au milieu de cette foule agitée les
iaoüas ou prêtres du soleil, revêtus d'un manteau
de peau de tigre et d'une robe composée de pelleteries de toutes nuances. Cette robe était serrée
par une ceinture à laquelle pendaient plusieurs
poches pleines d'herbes médicinales. Ils portaient
en outre pour boucles d'oreilles de petits oiseaux
desséchés à la fumée, et leurs bras nus étaient
tatoués d'hiéroglyphes mystérieux qui marquaient
leurs grades.

Ribaut tâcha de leur expliquer qu'il arrivait avec
des intentions pacifiques, ce qu'ils parurent com-

prendre, car plusieurs vinrent à bord portant des
vivres frais et des pelleteries, qu'ils offrirent au
capitaine. Celui-ci leur donna en retour des bracelets d'étain, des miroirs, de la verroterie et des
couteaux, dont ils parurent fort satisfaits.

Il s'occupa ensuite de remplir les instructions
données par l'amiral de Châtillon. Le but de son
voyage avait moins été de fonder une colonie que
de chercher le lieu où l'on pourrait en établir une,
et de l'occuper par avance. Il se contenta donc de
bàtir, sur une île placée à l'embouchure de la
rivière de Port-Royal, une petite citadelle qu'il
nomma Charles-Fort; puis, ayant assemblé tous
ses gens, il leur adressa une de ces harangues
imitées de Tite-Live, que la renaissance des études
classiques avait mises à la mode : « Il les encou-
ragea à se résoudre à la demeure qu'il leur avait
préparée, en leur remontrant combien ce leur serait
chose honorable à tout jamais d'avoir entrepris une
œuvre si belle et si difficile. A quoi il n'oublia
d'ajouter les exemples de ceux qui, de bas lieu,
étaient parvenus à des choses grandes, comme de

l'empereur Pertinax, lequel était fils d'un cor-
donnier, aussi du vaillant Agatoclès, fils d'un potier
de terre, puis roi de Sicile; enfin de Rusten-Bas-
cha, de qui le père était vacher[1]. »

Lorsqu'il eut achevé, tous s'écrièrent : « Qu'ils
étaient prêts à rester pour le contentement du roi
et l'accroissement de leur honneur et fortune[2]. »
Ribaut en choisit donc quarante qu'il plaça dans
le fort, sous le commandement du capitaine Albert,
fournis de tout ce qui leur était nécessaire; puis il
remit à la voile, promettant de revenir bientôt
avec des munitions, des vivres et des colons.

Restés seuls, les gardiens de Charles-Fort n'auraient dû songer d'abord qu'à cultiver l'île, afin
d'assurer l'avenir contre tous les hasards; ils n'y
songèrent même pas. Accoutumés à recevoir leur
ration de soldat, ils attendirent tranquillement le
retour de Ribaut, regardant le nouvel établissement
comme un poste écarté où ils étaient simplement
en garnison.

1. Lescarbot, liv. Ier, p. 46-47.
2. *Id.*

XI

Les premiers mois s'écoulèrent rapidement et sans
inquiétude. Nos Français vivaient dans les meilleurs
rapports avec les naturels, visitant leurs chefs,
faisant des échanges, se mêlant à leurs chasses
et à leurs fêtes publiques ; car, bien que la civilisation des Floridiens fût inférieure à celle des habitants du Pérou, ils avaient une sorte d'organisation
sociale inconnue aux peuplades du Canada. La plupart vivaient dans des villes construites sur des
monticules factices et entourées de palissades dont
les angles étaient défendus par des tours ; leurs

maisons se partageaient en plusieurs chambres tapissées de plumes et pavées d'un ciment doré aussi dur que le marbre; on voyait même dans l'intérieur du pays des temples ornés de statues colossales d'un travail précieux [1]. Les terres de chaque village étaient labourées en commun, sous la direction du chef, puis les moissons se partageaient entre tous, selon les besoins. Ces chefs n'avaient du reste qu'un pouvoir borné, et étaient soumis à un certain nombre de *parakousses*, qui se partageaient la domination de la Floride. Quelques-uns de ces parakousses commandaient à huit mille combattants, et pouvaient réunir jusqu'à deux cents pirogues; chacune de celles-ci, peinte en vert, en jaune ou en bleu, portait soixante guerriers, dont la couronne de plume, les vêtements, les armes étaient de même couleur que les barques, et qui ramaient en cadence en répétant leur chant de guerre [2].

Les Floridiens connaissaient aussi le commerce :

1. L'Inca Garcilasso de la Vega, liv. II, p. 135.
2. *Id.*, seconde partie, liv. IV, p. 205.

l'incommodité des échanges en nature leur avait
même fait adopter pour monnaie certains coquillages noirs et blancs que recueillaient les habitants
du bord de la mer. Ils avaient enfin une tradition
religieuse et des prêtres. Ceux-ci enseignaient que,
le lac Théomi ayant débordé pendant une éclipse,
il en résulta un déluge général ; mais, lorsque le
soleil reparut, il s'irrita contre les eaux qui avaient
envahi son empire, et, les ayant converties en va-
peur, il rendit la terre à son premier état. Depuis
ce temps, les Floridiens l'adoraient par reconnaissance. Il y avait même sur la montagne d'Olaïmy un
temple creusé dans le roc, et qu'ils croyaient l'œuvre du dieu [1].

1. Ces détails sur les Floridiens sont empruntés aux *Mémoires* latins d'un gentilhomme anglais nommé Bristock et à des
notes manuscrites de M. Éd. de Graëves, directeur des familles
étrangères habitant la Floride en 1660.

XII

Le capitaine Albert et ses gens vivaient depuis
quelques mois au milieu de ces peuples, lorsqu'ils
s'aperçurent qu'ils allaient manquer de vivres. Ils
en informèrent les chefs de villages, qui leur donnèrent tout le maïs dont ils pouvaient disposer, ne
réservant que ce qui était nécessaire pour les semail-
les. Malheureusement le feu consuma peu après le
magasin dans lequel ces provisions avaient été ser-
rées ; il fallut donc se résigner à vivre de glands,
de poissons et de racines jusqu'au retour du capitaine Ribaut.

Mais celui-ci avait trouvé en arrivant en France la guerre allumée, et l'amiral, occupé à combattre le roi, n'avait pu lui procurer ni hommes ni argent.

Les gardiens de Charles-Fort se lassèrent enfin d'attendre; aigris par la souffrance et par les mauvais traitements du capitaine Albert, ils se révoltèrent contre ce dernier, le tuèrent, et prirent la résolution de retourner en Europe. Bien qu'aucun d'eux ne fût charpentier, ils réussirent à construire une barque capable de les contenir tous. Les coutures furent calfatées avec la mousse des bois, puis enduites de gommes de sapins. Les sauvages leur fournirent des cordages de palmistes, et chacun abandonna le linge qui lui restait pour fabriquer des voiles [1].

Ils quittèrent le Port-Royal sur cet étrange navire, si mal pourvu de vivres que, vers le tiers de la route, chaque passager fut réduit à douze grains de maïs par jour. Cette ressource même ne tarda pas

1. Lescarbot, liv. Ier, p. 58.

à leur manquer. Alors commença une de ces horribles famines où l'homme perd jusqu'à ses instincts. Lorsque les ceinturons de cuir, les chaussures, les parchemins, eurent été successivement dévorés, ils se réunirent sur le pont et décidèrent qu'un d'eux mourrait pour sauver les autres. Le sort désigna un soldat nommé L'Archer, qui avait été la cause première de la révolte. Son sang et sa chair furent distribués par portions égales entre les survivants. Enfin, après des tortures et des fatigues impossibles à raconter, ils aperçurent la côte de Bretagne et furent saisis, à cette vue, d'un tel délire de joie, qu'ils abandonnèrent tous la manœuvre, laissant leur barque à demi brisée aller à l'aventure [1]. Une roberge anglaise la rencontra flottant ainsi au gré du vent. Il se trouvait justement dans cette roberge un des matelots qui avaient accompagné le capitaine Ribaut dans son expédition. Il reconnut ses anciens compagnons et leur fit donner de la nourriture; mais les Anglais, apprenant qu'ils arrivaient

____

1. De la Popellinière, liv. II, p. 29.

de la Floride, les conduisirent à Londres pour les présenter à la reine, qui préparait alors une expédition au Nouveau-Monde, de sorte que leur retour demeura ignoré en France. Aussi, lorsque la paix fut signée entre les protestants et les catholiques, l'amiral de Coligny parla-t-il d'eux au roi, « remontrant qu'on n'en avait aucune nouvelle, et que ce serait dommage de les laisser perdre[1]. » Charles IX permit en conséquence une nouvelle expédition, qui fut confiée au capitaine Laudonnière, gentilhomme poitevin.

1. Lescarbot, liv. Ier, p. 60.

XIII

Les volontaires accoururent de toutes parts. La
guerre civile avait, en effet, détourné une foule de
gens de leurs professions, et, la paix venue, beaucoup se trouvaient sans ressources. Ceux qui
avaient fait le premier voyage avec le capitaine
Ribaut vantaient d'ailleurs le pays outre mesure.
C'était, disaient-ils, une terre vivement échauffée
des rayons du soleil, mais en même temps rafraî-
chie par les rosées dn ciel. Elle était riche d'or,
d'animaux, de fleuves plaisants et d'arbres divers
rendant des gommes odoriférantes [1].

1. De la Popellinière, liv. II, p. 30.

Laudonnière choisit parmi ceux qui se presen-
tèrent les plus jeunes et les plus dispos; il leur
paya six mois d'avance, puis donna l'ordre du
départ le 22 avril 1564. « Quelques-uns, dit un
historien du temps, étonnés de la face barbare de
la mer, se retirèrent sans adieu lorsqu'ils virent
qu'on voulait embarquer; » mais les autres, tant
soldats que femmes et artisans se confièrent hardiment aux flots [1].

Arrivés à Port-Royal, ils trouvèrent le fort abandonné et apprirent le départ des Français. Jugeant
l'île trop petite pour un grand établissement, ils
gagnèrent la rivière de Mai, où ils reconnurent la
colonne portant les armes de France, que Ribaut
y avait plantée autrefois. Les sauvages l'avaient entourée de lauriers et lui rendaient une sorte de
culte, en souvenir de *leurs bons amis les Français* [2]. Laudonnière choisit un lieu commode

---

1. Ils étaient trois cents embarqués sur sept navires, selon
le sieur de la Popellinière; sur trois seulement, selon Lescarbot.

2. « Ils avaient mis au pied force petits paniers de mil qu'ils
appellent *tapayas ;* ils la baisèrent plusieurs fois, et invitè-

pour y bâtir un fort et des habitations. Il fut secondé dans ce travail par Saturiova, parakousse de la rivière de Mai. La forteresse achevée, on la garnit de canons, et elle reçut le nom de Caroline, en l'honneur du roi.

rent les Français à en faire de même. » (LESCARBOT, liv. Ier, p. 67.)

XIV

Le bruit de ce qui se passait se répandit bientôt
dans le pays. En apprenant le retour des Français,
les chefs de village accoururent pour offrir leurs
arcs en signe d'alliance, et demander au capitaine
les secours de son tonnerre contre leurs ennemis.
Laudonnière, qui désirait connaître ses voisins, leur
fit un grand nombre de questions. Tous lui parlè-
rent de deux parakousses puissants, *Ourthaqua* et
Houstaqua, habitant au pied des montagnes un
pays qui produisait l'or en abondance. Tous deux
étaient ennemis du grand *Oüaé-Outina*, qui avait

sous ses ordres plus de quarante chefs. On assura
Laudonnière que chacun de ces chefs pourrait lui
donner assez d'or et d'argent *pour qu'il en eût jusqu'au genou*, s'il voulait les aider à vaincre les parakousses de la montagne[1]. Mais il fallait pour
cela commencer par rétablir la paix entre *Oüaé* et
Saturiova, l'allié des Français. Celui-ci venait précisément de faire une expédition contre son ennemi,
et il reparut sur la rivière à la tête de ses vassaux,
qui chantaient les louanges du soleil, entraînant à
leur suite des *almadies*[2] chargées de prisonniers.
Le capitaine Laudonnière exigea quelques-uns de
ces derniers, qu'il renvoya à *Oüaé-Outina*, en l'a-
vertissant qu'il désirait le remettre en bons rapports avec le parakousse de la rivière de Mai, et
qu'il lui offrait, à cette condition, son alliance. *Oüaé*
reçut avec joie ces ouvertures, qui auraient sans

---

1. « *Molena* récitait que ses alliés, vassaux du grand *Outina*,
s'armaient l'estomac, bras, cuisses, jambes et front, avec larges
platines d'or et d'argent, et que par ce moyen les flèches ne les
pouvaient endommáger. » (LESCARBOT, liv. II, p. 68.)

2. Bateaux légers.

doute amené d'heureux résultats si les séditions n'étaient venues tout compromettre.

La première fut excitée par un Périgourdin nommé Laroquette. Cet homme, qui se mêlait de magie, persuada à plusieurs de ses camarades qu'il avait le pouvoir de découvrir les mines d'or, et quitta avec eux *la Caroline* pour courir le pays. Peu après, quelques matelots partirent également avec les deux seules barques qu'avait laissées Ribaut.

Laudonnière, sans se montrer abattu, employa tous ses gens à en construire deux autres plus grandes et plus fortes. Mais ceux-ci s'y prêtèrent avec répugnance. En partant pour la Floride, ils n'avaient cru devoir courir que deux chances : succomber de suite ou s'enrichir rapidement. Pour ces natures avides et passionnées, le danger était moins pénible que le travail, le travail moins insupportable que l'attente. Aussi l'espèce d'ajournement imposé à leurs espérances ne tarda-t-il point à les décourager, et, comme il arrive toujours dans des esprits impatients et actifs, le découragement se changea vite en dépit. Les plus hardis remontrè-

rent donc aux autres : « que c'était chose déshon-
nête pour des gens de maison comme ils étaient,
de s'occuper à des travaux mécaniques alors qu'ils
pouvaient se rendre galants hommes et riches s'ils
voulaient brusquer la fortune au Pérou et aux Antilles avec les deux barques qu'ils bâtissaient. Que,
si le fait était trouvé mauvais en France, ils auraient moyen de se retirer en Italie ou ailleurs;
puis il surviendrait quelque guerre et tout serait
oublié [1]. » Ces raisons en persuaduèrent soixante-
six, qui tàchèrent de faire partager à Laudonnière
leur résolution; mais il repoussa leurs propositions
avec fermeté. Ils tentèrent alors successivement de
l'empoisonner et de le faire sauter au moyen d'un
baril de poudre placé sous son lit; enfin, rien ne
leur ayant réussi, ils entrèrent un matin dans sa
chambre, la cuirasse bouclée et le pistolet au poing,
le forcèrent à leur signer un congé, armèrent les
barques, et partirent pour *courir la grande bordée*.

Ainsi abandonné par une partie de ses gens, Lau-

1. Lescarbot, liv. Ier, p. 81.

donnière n'eut plus d'espoir que dans l'arrivée des navires de France ; mais aucun ne paraissait. Les vivres manquèrent encore une fois. Il fallut en demander aux sauvages, puis en exiger. De là des querelles sanglantes dans lesquelles plusieurs Français succombèrent. Enfin un navire parut à l'embouchure de la rivière avec le drapeau blanc à son pic ; mais, loin d'annoncer du secours, il apportait la famine... C'étaient les révoltés partis peu auparavant qui revenaient après des chances inouïes.

Ils racontèrent au capitaine qu'ils avaient pris successivement un brigantin chargé de *cassave*[1], une caravelle, puis une patache qui portait le gouverneur de la Jamaïque avec tous ses trésors. Malheureusement les Espagnols, avertis, étaient venus les surprendre au mouillage, et le brigantin seul avait réussi à s'échapper. Ils ajoutèrent hardiment qu'ils espéraient être pardonnés vu leur retour, et en appelèrent à ceux de leurs camarades qui étaient

1. Farine de manioc.

restés dans le fort pour les protéger au besoin. Mais Laudonnière les fit saisir et juger par une commission militaire, qui condamna les quatre plus coupables à être pendus.

XV

Cet exemple prévint toute nouvelle sédition. Malheureusement la disette devenait chaque jour plus difficile à supporter, et les nouveaux colons allaient se trouver réduits aux dernières extrémités, lorsque le hasard conduisit au fort une escadrille anglaise commandée par Jean Hawkins, qui fournit à Laudonnière et à ses gens tout ce qu'ils pouvaient désirer. Il leur vendit même un navire sur lequel ils se préparaient à revenir en France, lorsque le capitaine Ribaut, qui avait perdu près d'un mois à côtoyer la Floride, arriva enfin avec des vivres et des renforts. Il apportait de plus la révocation de Laudonnière, qui avait été dénoncé en France comme exerçant son autorité avec une rigueur odieuse. Ribaut lui retira le commandement, le réduisit à la ration de soldat, et ordonna que *les cris et les bans ne se feraient plus en son nom.*

Dès que les Floridiens apprirent ce changement, ils accoururent pour complimenter le capitaine Ribaut, « qu'ils reconnurent à sa longue barbe, » et lui proposer de le conduire aux montagnes où se trouvait le *piero-apira ;* c'était le nom qu'ils donnaient à l'or. Ribaut n'eût point le temps de mettre leur bonne volonté à l'épreuve, car, comme il achevait de débarquer ses vivres et ses munitions, six gros vaisseaux parurent devant *la Caroline.* Ils étaient envoyés par les Espagnols, qui, en reprenant la patache où se trouvait le gouverneur de la Jamaïque, avaient appris l'établissement de Laudonnière à la Floride et venaient pour l'en chasser, bien qu'ils fussent en paix avec la France. Ribaut, instruit de leur dessein, rassembla tous ses gens, embarqua les meilleurs soldats du fort, et se pré-

para à attaquer don Pedro Melandez avec ses navires. Malheureusement une tempête survint et
les dispersa, ce qui permit aux Espagnols de débarquer et de surprendre *la Caroline*, dont la garnison fut égorgée. Plusieurs enfants qui s'y trouvaient furent placés au haut de longues piques que
les Espagnols plantèrent sur le bastion, autour de
leur drapeau! Laudonnière réussit pourtant à s'é-
chapper avec quelques soldats, et rejoignit le navire du capitaine Maillard qui mit aussitôt à la
voile.

Quant à Ribaut, dont le vaisseau avait fait naufrage, il se rendit à composition, l'officier espagnol
Vallemande ayant engagé sa foi de gentilhomme
que lui et ses gens seraient épargnés. Mais à peine
eurent-ils déposé leurs armes qu'ils furent liés et là-
chement tués par derrière. Don Pedro Melandez fit
ensuite écorcher Ribaut, dont la peau fut envoyée
au Pérou [1], tandis que les cadavres de ses compa-

1. « Puis escorchèrent la peau du visage avec la longue barbe
de Ribaut, les yeux, le nez et oreilles, envoyant ainsi le masque
défiguré au Péru pour en faire des montres et assurer celui qui

gnons étaient accrochés à une potence au-dessus
de laquelle on lisait : *Pendus non comme Français, mais comme hérétiques.*

avait envoyé Pedro Melandez de son expédition. » (DE LA PO-
PELLINIÈRE, liv. II, p. 37.)

XVI

A la nouvelle de cette violence commise en pleine
paix, l'amiral de Coligny se plaignit vivement au
roi. Sa plainte fut transmise à la cour de Madrid,
qui désavoua le fait et répondit *qu'elle ordonnerait
une information*.

« Mais les auteurs du crime, observe un écrivain
du temps, continuèrent de se promener en Espagne
et ailleurs jusqu'à ce qu'il survînt d'autres affaires.
Une forte pluie lava bientôt ce sang de la mémoire
des grands, si que les petits en entreprirent la ven-

geance sur tout ce qu'ils ont trouvé d'Espagnols depuis, soit en mer, soit ailleurs[1]. »

Or, parmi ces *petits* qu'avait indignés l'insulte impunie des Espagnols, il s'en trouva un qui ne put en boire la honte et qui résolut d'en tirer vengeance au nom de son pays. C'était un gentilhomme natif de Mont-de-Marsan en Guyenne, et nommé Dominique de Gourgues, bon protestant, mais encore meilleur Français. Il n'avait cessé de servir dans les armées depuis trente ans, se trouvant toujours aux endroits où se donnaient les plus rudes coups et n'ayant pu cependant ramasser qu'un brevet de capitaine au milieu de tant de sanglantes mêlées. Chargé de la garde d'une petite ville près de Sienne, il l'avait défendue avec trente soldats contre une partie de l'armée ennemie. Les Espagnols le trouvèrent mourant au milieu des siens, tous frappés sur la brèche, et l'envoyèrent (comme témoignage d'estime pour un si grand courage) ramer avec les criminels sur une de leurs

1. De la Popellinière, p. 34.

galères! Celle-ci, qui se rendait en Sicile, fut prise par les Turcs, puis reprise par le commandeur de Malte. Rendu à la liberté, de Gourgues fit un voyage sur les côtes d'Afrique, où nous commencions à former des établissements, puis au Brésil, qui attendait encore des maîtres. Il revenait de cette dernière excursion, lorsqu'il sut le massacre des Français établis à la Floride. Son parti fut pris à l'instant. Il vendit tout ce qu'il possédait, emprunta à ses amis, et rassembla une somme suffisante pour équiper trois navires de moyenne grandeur. Il y embarqua cent cinquante soldats, quatre-vingts matelots, et mit à la voile le 22 août 1567.

La tempête le força de relâcher à Arguim en Afrique, où il eut à combattre trois chefs nègres que les Portugais avaient excités contre lui, puis à Saint-Domingue, où il radouba ses vaisseaux malgré les Espagnols. Enfin, arrivé à la hauteur de Cuba, il rassembla ses équipages et leur confia son projet, dont il n'avait rien dit jusqu'alors. Tous s'écrièrent qu'ils étaient prêts à mourir jusqu'au dernier pour venger l'outrage fait au nom français

dans la Floride. Sur quoi de Gourgues dit au pilote
de mettre toutes les voiles, et de franchir le détroit
de Bahama sans attendre la pleine lune.

XVII

Cependant les Espagnols se tenaient sur leurs gardes, non contre les Français qu'ils ne pouvaient attendre, mais contre les naturels du pays, poussés au désespoir par leurs violences; car, bien que l'exemple de Ponce de Léon et de Ferdinand de Sotto fût assez récent pour les rendre prudents, les compagnons de don Pedro Melandez s'étaient conduits en Floride comme au Pérou et au Mexique. Du reste, depuis la conquête du Nouveau-Monde, la cruauté semblait être devenue chez ces aventuriers une sorte de maladie contagieuse. La plupart en étaient arrivés à tuer sans motif, sans profit, rien que pour satisfaire je ne sais quelle soif de sang allumée par l'habitude. L'évêque de Chiapa raconte qu'ils égorgèrent un jour devant lui, par simple amusement, trois mille Péruviens qui étaient venus apporter des provisions. Les Espagnols ne regardaient plus ces malheureux que comme une sorte de bétail qu'ils gardaient à l'étable, ou du gibier destiné à être chassé. L'Indien, à leurs yeux, avait tellement cessé d'être un homme, qu'on avait vu les soldats de Ferdinand de Sotto, manquant de l'huile nécessaire à la fabrication des onguents, se servir de la graisse des Floridiens qu'ils avaient tués pour panser leurs blessures [1]. Les chefs entretenaient des meutes dressées à la chasse des sauvages et qu'ils nourrissaient de chair humaine dans ce but [2]. Les historiens de la conquête nous

[1]. L'Inca Garcilasso de la Vega *ubi supra*, seconde partie, liv. Ier, p. 38. .

[2]. « Les Espagnols avaient à la conquête des Indes plusieurs tels chiens, qu'ils avaient accoutumés contre les Indiens comme à la chasse d'autres bêtes, et pour ce ne les nourrissaient que

ont même conservé le souvenir d'un terrible levrier
rouge à gueule noire, nommé Bezerillo. « qui reconnaissait ses capitaines, tirait commune paie de soldat, et aida puissamment Diego de Salazar en la
conquête de Saint-Jean [1]. » Les Espagnols donnèrent à son maître la moitié de tout leur butin. Un
autre chien, nommé Leoncillo, valut cinq cents
écus d'or à celui qui l'avait dressé, *pour avoir tué
plus d'Indiens à lui seul que les dix meilleurs soldats de Nuñez de Balboa*, et « c'est de la sorte,
observe un des chroniqueurs du temps, qu'en la
conquête du Nouveau-Monde les levriers ont fait
des choses dignes d'admiration [2]. » Quelques années suffirent ainsi aux Espagnols pour changer en
désert des contrées autrefois populeuses, et « ils
appelèrent les pays ainsi déshabités *pays pacifiés
et conquis* [3]. »

de chair d'hommes qu'ils mettaient en quartier comme des cha-
pons. » (DE LA POPELLINIÈRE, liv. II, p. 27.)

1. *Id.*

2. L'Inca Garcilasso de la Vega, liv. II, p. 100.

3. Oliviedo, chap. x du *Sommaire de l'Inde occidentale.*

XVIII

Ils commençaient à en agir de même avec les
Floridiens, lorsque les navires du capitaine de
Gourgues parurent au bas de la rivière de Seine.
En reconnaissant qu'ils étaient Français, les naturels accoururent, et, le capitaine étant débarqué,
ils lui présentèrent Pierre de Bré, qui, lors de la
prise de la *Caroline* par les Espagnols, s'était
échappé avec neuf autres, et avait trouvé asile chez
Saturiova.

Ce jeune homme raconta au capitaine comment
ses compagnons et lui avaient visité une partie de

la Floride, passant de larges rivières sur des branches d'arbres liées avec des écorces, s'ouvrant une route dans les forêts au moyen du feu, et « cheminant presque toujours par les *égarrées* pour éviter les embûches [1]. » Ils étaient arrivés de cette manière au pays du parakousse d'Apalache, dont ses compagnons avaient été tellement charmés, qu'ils y étaient tous restés, sauf un seul qui avait consenti à revenir avec lui. Il ajouta de grands détails sur les Espagnols, qui étaient au nombre de quatre cents, et distribués dans trois forts bien armés.

Comme il achevait, on vit arriver Saturiova avec sa suite. Il présenta son arc au capitaine en signe d'alliance, le fit asseoir à sa droite, sur un siége de bois de lentisque garni de mousse, et se mit à lui raconter, au moyen d'un interprète, toutes les injures qu'il avait eu à souffrir des Espagnols. De Gourgues répondit qu'il venait pour les chasser à jamais du pays, ce qui fit pousser de grands cris de joie aux chefs de villages qui étaient présents. Tous jurèrent,

1. Rochefort, p. 420.

en levant les mains, qu'ils seconderaient les Français selon leur pouvoir. On apporta la *cassine*[1], qui fut bue en grande cérémonie; puis Saturiova se retira, avec promesse de se trouver le lendemain à un lieu convenu pour le rendez-vous.

Les Français l'y rencontrèrent effectivement, suivi d'une troupe nombreuse de jeunes guerriers, l'arc à la main et le brassard de plumes attaché à l'épaule[2]. Leurs chevelures étaient garnies de flèches armées d'arêtes de poissons, d'ossements aiguisés ou de pierres tranchantes. Ils se dirigèrent avec de Gourgues vers la rivière de Mai, où les forts étaient bâtis. *Olocotara*, neveu du parakousse, marchait en tête près du capitaine, tenant une pique

1. « Breuvage composé de certaines herbes, lequel ils ont accoutumé prendre quand ils vont en lieux hasardeux, parce qu'il leur ôte la soif et la faim pour vingt-quatre heures. » (LESCARBOT, liv. Ier, p. 128.)

2. « Pour ne point se blesser le bras gauche avec la corde de l'arc lorsqu'il se détend, les Floridiens couvrent ce bras depuis le poignet jusqu'au coude d'un brassard de grosses plumes retenu par une courroie. » (L'INCA GARCILASSO DE LA VEGA, liv. Ier, p. 15.)

à la main, et chantant son hymne de guerre, et chaque fois que revenait ce refrain :

Les *hommes de mer* [1] sont des lâches;
Nous avons échappé au tranchant de leurs épées
Et aux dents de leurs chiens.
Les hommes de mer sont des lâches;
Ils iront nourrir les poissons de la rivière;

tous les guerriers le répétaient ensemble, puis poussaient un grand cri [2].

Ils arrivèrent ainsi en face du plus petit fort. De Gourgues ordonna à ses gens d'attacher leurs fourniments aux morions et de tenir leurs arquebuses élevées; puis, passant la rivière à leur tête, il attaqua si brusquement les Espagnols, qu'ils eurent à peine le temps de se mettre en défense. Un de leurs canonniers tira pourtant deux coups de couleuvrine qui tuèrent plusieurs Français. Il allait recharger

1. Ils donnaient ce nom aux Espagnols, parce que c'étaient les premiers Européens qui étaient arrivés par mer sur leurs côtes.

2. L'Inca Garcilasso de la Vega, seconde partie, liv. IV, p. 205.

cette pièce pour la troisième fois, lorsque Olocotara se replia sur lui-même, ferma les poings et étendit les bras, comme s'il eût voulu essayer la souplesse de tous ses membres [1], puis, s'élançant vers la palissade, il réussit à atteindre la plate-forme, courut à l'Espagnol, qui approchait déjà la mèche du canon, et lui passa sa pique au travers du corps.

Les assaillants se dirigèrent ensuite vers le second fort, qui était séparé du premier par la rivière. Tandis que de Gourgues la traversait en bateaux, les Floridiens se jetèrent à la nage, se tenant, selon l'usage [2], quatre de front, et portant sur leurs épaules un guerrier prêt à lancer ses flèches. Mais les Espagnols ne firent qu'une faible résistance, et furent presque tous massacrés en fuyant.

---

1. « C'est la coutume ordinaire des Indiens quand ils veulent entreprendre une chose où il faut de la vigueur. » (L'INCA GARCILASSO, liv. II, p. 129.)

2. *Id.*, liv. II, p. 121.

XIX

Restait *la Caroline*, défendue par trois cents hommes, que commandait un officier renommé. De Gourgues pensa qu'une telle citadelle ne pouvait être enlevée par un coup de main, et qu'il fallait y mettre de la prudence, vu le petit nombre de ses hommes. Il s'occupa donc de faire construire des échelles et de prendre quelques autres dispositions dont il supposait avoir besoin.

Les Floridiens s'étaient assis autour de lui, leurs armes sous les pieds, regardant avec curiosité ces préparatifs, lorsque les yeux d'Olocotara s'arrêtèrent tout à coup sur un sauvage confondu parmi les autres, mais dont le teint le frappa. Il courut à lui, l'entraîna vivement au milieu de l'assemblée, et, arrachant la robe de coton qui le couvrait, montra à tous la peau blanche d'un Espagnol !

C'était un espion envoyé par le gouverneur de *la Caroline* pour reconnaître le nombre des Français et leurs moyens d'attaque. De Gourgues apprit de lui que les Espagnols le croyaient à la tête de deux mille hommes et redoutaient singulièrement son approche.

Cette nouvelle le décida à brusquer les choses. Il annonça en conséquence aux chefs que l'attaque aurait lieu le lendemain à l'heure de la *diane*.

Alors, Olocotara s'avança vers lui, la tête couronnée de lauriers, les yeux enflammés, et, croisant les bras sur sa poitrine :

— Le parakousse français est mon père, dit-il, et je veux être dans ses mains comme une flèche dont on frappe son ennemi. Demain, j'enlèverai pour lui les chevelures des étrangers ; mais, si je meurs, que mon père blanc ne me refuse point les présents promis aux autres chefs; qu'il m'accorde, ainsi qu'à eux, une serpe, un anneau et des bracelets, pour qu'ils soient enterrés avec moi et que je puisse les retrouver au grand village des esprits comme un souvenir de ceux pour qui je suis mort.

Le capitaine le lui promit, et les assaillants, s'étant partagés en plusieurs troupes, s'avancèrent vers la citadelle.

Lorsque les Espagnols virent le petit nombre de ceux qui formaient le premier détachement, ils voulurent faire une sortie; mais ce fut la cause de leur perte, car les Français les culbutèrent au premier choc et les poursuivirent avec tant d'ardeur, qu'ils entrèrent dans le fort avec eux. Les soldats qui le gardaient, au lieu de repousser cette poignée d'hommes, s'enfuirent par une autre porte, où ils rencontrèrent Olocotara et les siens. On ne fit que quinze prisonniers. De Gourgues ordonna de les conduire au petit bois où les compagnons de Ribaut avaient été étranglés par eux trois ans auparavant, et, devant chacun de ces squelettes qui portaient encore au cou l'écriteau sur lequel on lisait :

Pendus, non comme Français, mais comme hérétiques !

il fit suspendre un des prisonniers espagnols avec cette inscription :

Pendus, non comme Espagnols, mais comme assassins !

Réponse terrible, mais méritée, et la seule que pussent comprendre les féroces conquérants du Nouveau-Monde.

XX

Le capitaine de Gourgues eût bien voulu laisser
garnison en Floride, mais sa troupe, déjà si peu
nombreuse, avait encore été réduite par les trois
combats qu'il venait de livrer : il manquait d'ailleurs d'autorisation pour occuper les forts ; il fallut
donc se résoudre à les raser, après quoi il regagna
à pied la rivière de *Seine*, où ses vaisseaux étaient
restés.

Les Floridiens, avertis de la destruction des Espagnols, accoururent en foule à sa rencontre, apportant des présents, dansant devant lui en jetant des

branches de lauriers et chantant ses louanges. Une vieille femme, qui avait connu Laudonnière, vint s'agenouiller sur le passage du capitaine en criant que puisque les Espagnols étaient chassés et les Français revenus, elle mourrait heureuse.

Mais tous demeurèrent consternés lorsqu'ils virent que de Gourgues allait se réembarquer. Olocotara se plaça en face du capitaine et lui demanda « si son père blanc ne trouvait pas assez de maïs dans leurs plaines, de gibier dans leurs forêts et de poissons dans leurs rivières? Il lui promit, s'il voulait rester avec les siens, de conquérir pour eux tout le *piero-apira* des parakousses voisins, ajoutant d'une voix entrecoupée que tant que *l'âme de sa main* [1] battrait, il aimerait ses amis les Français. »

De Gourgues le remercia de ses bons sentiments, et lui dit qu'il espérait obtenir du grand parakousse de France la permission de revenir avant douze lunes. Il promit d'apporter alors assez de couteaux, de haches et de verroteries, pour en distribuer à

1. Le pouls. Voyez Rochefort.

tous les guerriers. Enfin, ayant ordonné à ses gens
de se mettre à genoux, il remercia Dieu d'avoir pu
faire un exemple honorable au nom français ; puis,
prenant congé d'Olocotara qui fondait en larmes, il
se rembarqua avec tous les siens dans les chaloupes
qui l'attendaient.

Les sauvages le suivirent à la nage en lui criant
de ne point tarder à revenir. Enfin, lorsqu'il eut rejoint ses navires, ils le saluèrent, par son nom, d'un
dernier cri, et regagnèrent le rivage.

XXI

De Gourgues reprit la route de France avec des
vents si favorables qu'il arriva, trente-quatre jours
après son départ, au port de La Rochelle où il fut
reçu comme le défenseur glorieux de l'honneur
français abandonné par ceux qui en avaient la
garde. Ayant, de là, fait voile vers Bordeaux, il fut
poursuivi par une flottille espagnole qui avait été
envoyée pour venger le désastre de la rivière de
Mai, et qui le manqua seulement de quelques
heures. Il voulut ensuite rendre compte au roi de
son voyage, et lui indiquer les moyens de s'établir

solidement dans la Floride; mais, en arrivant à Paris, il apprit que, sur la plainte du roi d'Espagne, ordre avait été donné de l'arrêter et de faire son procès !

Il fut donc forcé de se cacher à *la Cour-de-Rouen*, près Saint-Germain, et de mettre ses amis en campagne. Ceux-ci éprouvèrent de sérieux obstacles. La France était alors dans un de ces moments d'abaissement volontaire où les hommes qui gouvernent, uniquement occupés d'intrigues intérieures, acceptent du dehors toutes les insultes et feignent de ne point les ressentir de peur d'avoir à les venger. On eût facilement pardonné un crime au capitaine, car un crime pardonné ne compromet que les faibles, mais l'impunité de sa courageuse action semblait plus dangereuse. Outre qu'elle pouvait brouiller avec le peuple espagnol, qui voulait bien commettre des violences, mais non en supporter, c'était une sorte de protestation contre la couardise des ministres : or, comment souffrir qu'un simple particulier se montrât plus susceptible qu'eux-mêmes sur l'honneur national? Ils avaient fait à la

France sa part de honte et de patience ; tous devaient l'accepter sans réclamation. Les démarches
du président de Marigny finirent pourtant par as-
soupir l'affaire, et l'on promit de fermer les yeux sur
ce qui s'était passé, à condition que le capitaine de
Gourgues ne paraîtrait point à la cour !

Sa Majesté catholique ne se contenta pas de témoi-
gner son mécontentement de cette résolution ; elle
déclara qu'elle obtiendrait à prix d'or la satisfac-
tion qu'on lui refusait, et eut l'audace de publier,
en France même, une sorte d'avertissement par
lequel on promettait une grande somme de de-
niers à qui pourrait apporter la tête de Dominique de Gourgues. Il ne se trouva heureusement
personne assez lâche ou assez hardi pour gagner
la récompense promise, et le capitaine retourna à
Bordeaux.

Il y reçut des propositions de la reine d'Angleterre,
alors désireuse de former des colonies dans le Nouveau-Monde. Mais le capitaine, qui craignait de
nuire aux intérêts de la France en aidant aux établissements des Anglais, refusa tous les avantages

qui lui étaient offerts. Il demeura inactif jusqu'en 1582 où de nouveaux événements l'arrachèrent à son repos.

Don Sébastien de Portugal, qui faisait la guerre en Barbarie au roi de Feez, fut vaincu et demeura enseveli dans sa défaite. Le roi d'Espagne se hâta d'envahir son royaume comme héritier légitime. Don Antoine, qui y prétendait également, réunit une flotte pour reconquérir le Portugal. On vint proposer à de Gourgues d'en prendre le commandement. L'âge avait blanchi ses cheveux, mais sans rien ôter à son ardeur virile. On lui fournissait l'occasion de servir indirectement la France en combattant sa plus redoutable rivale ; il accepta. Mais il était dit que ce grand cœur ne connaîtrait que les dévoû- ments obscurs et les triomphes reprochés. Mis à la tête d'une entreprise qui devait enfin lui acquérir une gloire impossible à contester, il ne put l'accom- plir. La maladie le saisit à Tours, où il s'était rendu pour régler quelques affaires, et il y mourut presque subitement, vieilli dans la lutte, mais non fatigué, et laissant parmi ses amis un de ces vides impossibles à oublier parce que nul ne peut les remplir.

Avec lui s'éteignirent les dernières espérances d'un établissement dans la Floride et jusqu'au souvenir des efforts qui y avaient été tentés. Olocotara et les autres chefs attendirent vainement le retour de leurs amis les Français. Quant aux quatre compagnons de Pierre de Bré, qui étaient demeurés près du grand parakousse d'Apalache, ils y moururent vénérés, après avoir répandu parmi les peuples de la Matique quelques-uns des principes du christianisme. Lorsque les Anglais pénétrèrent dans ce pays, longtemps après, ils trouvèrent que les naturels avaient conservé l'usage de plusieurs mots français tels que *Dieu, ami, le paradis, l'enfer*, et qu'ils les répétaient encore avec une sorte d'admiration respectueuse et tendre.

XXII

Tels furent les premiers efforts des Français pour s'établir en Amérique. Ainsi que nous l'avons dit, aucun peuple n'avait encore appris à coloniser. Les Portugais et les Espagnols eux-mêmes, qui habitaient depuis longtemps cette terre féconde, se bornaient presque partout à l'occupation des points militaires et à l'exploitation des métaux précieux. Pour eux comme pour nous, l'Amérique n'était qu'une mine à fouiller ; nul ne songea à y fonder une seconde patrie. Quant aux Anglais, ces colonisateurs-modèles, ils y cherchaient encore, en 1596, *la ville d'or de Manoa, située au pays d'Eldorado !*

Nos deux expéditions au Brésil et en Floride ne furent donc ni plus irréfléchies, ni plus mal dirigées que celles des autres nations *à la même époque*. Les chefs se conformèrent aux préjugés du temps que l'expérience eût fini par changer, et il est certain que, malgré de mauvais commencements, ces entreprises eussent réussi sans l'abandon de la métropole. Ainsi se révèle, dès le début, l'indifférence du gouvernement français pour ses établissements d'outre-mer. Mais quelle que soit cette indifférence, les choses auront leur cours. Aux époques d'imagination et de séve, un premier échec décourage moins qu'il n'excite ; c'est comme un défi porté aux audacieux. L'élan a été donné, de nouveaux projets se forment déjà, d'autres yeux sont fixés sur cette terre promise, et le Josué qui doit y établir son peuple n'est pas loin.

LIVRE DEUXIÈME

LES PETITES CARAIBES

I

Le mauvais succès des entreprises formées pour
le Brésil et la Floride n'avait point découragé nos
navigateurs. Les Basques, les Normands, les Bretons, continuaient à parcourir l'Atlantique, explo-
rant surtout la côte orientale de l'Amérique, depuis
le quinzième degré de latitude jusqu'au cinquan-
tième. Quelques essais de colonisation avaient

même eu lieu dans le nord, mais sans amener de
résultats importants. Les préoccupations de la cour
étaient ailleurs, et elle n'accordait qu'une protection passagère aux colonisateurs qui s'efforçaient
d'établir l'autorité française sur ces terres nouvelles, bonnes tout au plus, selon les courtisans, à
fournir « quelques singes, perroquets ou sauvages,
pour le divertissement des dames. » Un écrivain du
temps a exprimé à cet égard toute son indignation
dans la dédicace de son livre au roi Louis XIII. « Si
quelques gens, dit-il, nous viennent d'Italie ou
d'Espagne avec un habit, un chant nouveau, nous
allons au-devant et nous les faisons, en un moment,
regorger de richesses, tandis que l'on tâche, par
tous moyens, d'énerver et faire perdre courage à
ceux qui s'emploient à des actions si généreu-
ses[1]. »

Heureusement que l'intelligence de la nation
suppléait à tout, et que l'immobilité du gouvernement semblait exalter l'activité privée. Rien n'avait

1. MARC LESCARBOT, *Histoire de la Nouvelle-France.*

pu décourager les armateurs de Dieppe, du Havre, de Saint-Malo surtout. Les navires français, mal construits, mal armés, mais montés par des équipages intrépides, parcouraient les mers de l'Amérique, faisant la pêche, troquant des fourrures, et attaquant les galions d'Espagne à la sortie du golfe du Mexique. On les reconnaissait de loin à leurs voiles percées de boulets, à leurs tillacs couverts de matelots, et à ces flancs tapissés de mousses marines qui prouvaient la longueur de leurs courses [1].

Lorsque deux de ces navires se rencontraient en mer, ils se rapprochaient pour se demander s'ils n'avaient aucun besoin; les équipages buvaient l'un à l'autre, « en tendant les gobelets par-dessus la lisse, » et l'on se séparait après s'être souhaité de *courir un bon bord*. Premier exemple d'une fraternité nationale jusqu'alors inusitée sur l'Océan, et que les autres peuples n'imitèrent que plus tard.

1. Marc Lescarbot, *Histoire de la Nouvelle-France,* liv. IV, p. 517.

II

Ce fut sur un de ces navires, « demi-picoreur,
demi-commerçant, » que partit de Dieppe, en 1625,
un gentilhomme nommé d'Énambuc, auquel plusieurs actions d'éclat avaient valu le titre de capitaine du roi dans les mers du Ponant. Cadet de la
maison de Vaudrocques-Diel, en Normandie, et
n'ayant, comme ses pareils, d'autre patrimoine que
son épée, il allait demander aux hasards de la mer
une fortune que le hasard de la naissance lui avait
refusée. Avec lui partait le sieur de Rossey, esprit
faible et changeant, qui avait tout essayé sans rien

poursuivre, mais qui, pour le moment, s'était fait
l'ombre du capitaine d'Énambuc et jurait de marcher au même pas. Tous deux commandaient un
brigantin armé de quatre pièces de canon et monté
par quarante hommes disposés à tout essayer pour
se faire une meilleur part dans la vie.

Après des fortunes diverses, le brigantin arriva
aux *Kaymans*, où il venait de jeter l'ancre, lorsqu'un vaisseau espagnol portant trente-cinq canons
l'attaqua à l'improviste. Malgré la surprise et la
force de l'ennemi, d'Énambuc, soutint un combat
de trois heures, à la suite duquel l'Espagnol fut
forcé de fuir. Mais cette victoire, qu'il n'avait point
cherchée, ruinait toutes les espérances de son
voyage. Le brigantin, désemparé, ne pouvait continuer à tenir la mer; ses meilleurs matelots avaient
été tués ou blessés. Voulant au moins sauver ces
derniers, d'Énambuc gagna avec peine Saint-Christophe, afin de les faire soigner à terre par son
chirurgien.

Saint-Christophe, aujourd'hui Saint-Kitts, est
placé sous le 17° 21 de latitude nord, et fait partie

de ces îles appelées Caraïbes du nom de leurs habitants, ou Ant-Isles, à cause de leur situation en avant du continent. Les sauvages appelaient cette terre dans leur langue, *Liamaiga*, lorsque Christophe Colomb la découvrit en 1493, et lui donna le nom de son patron.

Les Espagnols, attirés par l'or du Pérou et du Mexique, dédaignèrent de coloniser des îles qu'ils désignaient dans leurs cartes sous le nom méprisant de *Cayes*, et leurs navires ne s'y arrêtèrent que pour faire du bois et de l'eau. Mais les excès des conquérants ayant rapidement dépeuplé le continent, et les mines du Potose manquant d'ouvriers, il fallut songer à s'en procurer ailleurs. Sur l'assurance qui lui fut donnée que « les habitants des petites Antilles étaient anthropophages, » le pape autorisa leur réduction en esclavage. Les Espagnols tentèrent en conséquence plusieurs expéditions ; mais les sauvages résistèrent avec succès à toutes leurs attaques, et réussirent à conserver leur indépendance.

III

Les premiers voyageurs ne nous ont laissé que
des conjectures sur l'origine des Caraïbes; cependant la plupart les font descendre des *Galibis*, établis sur les frontières de la Guyane. Eux-mêmes
racontaient dans leurs traditions qu'un chef nommé
Callinago, « petit de corps, mais grand de courage, qui mangeait peu et buvait encore moins, »
s'était embarqué à la tête d'un certain nombre de
guerriers et était venu aborder aux petites Antilles.
Il attaqua les *Ygneris*, qui y habitaient, et les ex-
termina jusqu'au dernier. Les femmes seules furent

épargnées, et conservèrent depuis une langue particulière, qui était celle de leurs ancêtres. Les Caraïbes ajoutaient, comme preuve d'une origine commune, l'étroite alliance qui les unissait aux *Galibis* de la terre ferme, qu'ils rejoignaient souvent pour faire des expéditions contre leurs ennemis, les *Allouagues*.

Toutes les relations qui sont parvenues jusqu'à nous représentent les Caraïbes comme les hommes les plus libres et les plus heureux de l'Amérique. N'ayant point à craindre, grâce à leur isolement au milieu de la mer, les surprises de l'ennemi, ils ne connaissaient point cette inquiétude soupçonneuse qui faisait de la vie des sauvages du continent une éternelle angoisse. Couchés dans leurs hamacs de coton colorié, qu'ils suspendaient le plus souvent à des arbres au-dessus d'un feu brillant [1], ils passaient les heures laborieuses de la journée à garnir leurs flèches de pierres aiguisées, à orner leurs *boutous* ou casse-tête de ciselures passées à la *mou-*

1. LE PÈRE DUTERTRE, *Histoire générale des Antilles*, vol. II, p. 397.

chache [1], à fabriquer des *ibichets* [2]. Le reste du temps était employé à s'arracher la barbe ou se faire peindre par les femmes, à jouer de la flûte et à rêver [3]. Les plus actifs creusaient, au moyen du feu, des pirogues ou *canouas*, qui devaient leur valoir le titre de capitaine, construisaient avec des branches d'arbres et des feuilles de balisier des *carbets* toujours en ruine avant d'être achevés, ou défrichaient quelques coins de terre en brûlant les arbres et semant sur la cendre [4].

Pour les femmes, leurs travaux étaient plus pénibles. C'étaient elles qui transformaient le manioc en cassave, qui fabriquaient les hamacs et préparaient l'huile de palmiste et le roucou destinés à peindre leurs maris. Pendant ce temps, les jeunes

1. Farine de manioc.

2. Petits cribles fabriqués avec une herbe appelée *oüalloman*, et qui servent à passer la farine.

3. LE PÈRE DUTERTRE, *Histoire générale des Antilles*, vol. II, p. 382.

4. DELABORDE, *Relation de l'origine, mœurs, coutumes, religion, guerres, voyages des Caraïbes*, p. 563.

filles allaient au bois pour cueillir des fruits, la courroie du *catauly*[1] passée sur la tête, et les jeunes garçons s'exerçaient au tir de l'arc devant les carbets ou dressaient pour la pêche des grands-gosiers[2].

Quant à la chasse, elle était à peu près nulle dans les Antilles. Sauf quelques oiseaux qu'ils grillaient sur le feu avec leurs plumes et leurs entrailles, quelques grands lézards qu'ils attrapaient au lacet, et des tortues varées sur les rochers, les Caraïbes ne se nourrissaient guère que de *burgaux*[3], de crabes et de poisson pêché à la ligne dans la mer ou pris dans la rivière, en plongeant, une pierre dans chaque main[4]. Ces différents mets, cuits avec des arêtes, du piment et de la *mouchache*, étaient servis dans des calebasses ou *couïs*, sur de petites tables appelées *matoutous*. Quant à l'ouï-

1. Le *catauly* est une petite hotte.
2. LE PÈRE DUTERTRE, vol. II, p. 381.
3. Coquillage de mer.
4. LE PÈRE DUTERTRE, vol. II, p. 381.

cou [1], breuvage de prunes de momins, et au vin d'acajou, on le renfermait dans des vases en terre appelés *canarys*.

Chaque famille avait ses *carbets* placés l'un près de l'autre de manière à former un hameau, au milieu duquel s'élevait un *carbet* plus grand et de forme ovale où les hommes mangeaient à part. Une petite hutte particulière renfermait ce qu'ils appelaient leurs *cacones*, ou objets précieux, tels que les armes, les colliers, les couteaux, les miroirs.

Les Caraïbes ne portaient point d'autre vêtement que cette peinture rouge de roucou, dont ils se faisaient enduire, et qui les préservait du hâle et de la piqûre des moustiques. Ils entremêlaient leurs cheveux, partagés en quatre touffes, dont une seule tombait sur le front, de tresses de coton, de plumes d'oiseaux, de coquillages, tandis que leurs oreilles, leurs lèvres inférieures et leurs narines, percées au moyen d'une dent d'*acouty*, étaient ornées de graines rouges ou de lames de cuivre. Tous portaient des

1. Sorte de bière faite avec du manioc fermenté.

colliers et des bracelets de dents de léopard; mais quelques guerriers de distinction y ajoutaient un sifflet fabriqué avec les os d'un ennemi, et le *coulloucoli*, espèce de croissant en or encadré dans un morceau de bois de *courbaril*.

IV

Le mariage des Caraïbes se faisait, sans aucune
cérémonie, sur le simple consentement des parents
de la jeune fille. Chaque homme épousait autant de
femmes qu'il en pouvait nourrir, et la plupart des
capitaines en entretenaient dans plusieurs îles.

Lorsqu'un enfant naissait, le père devait se mettre
au lit et se condamner à un jeûne qu'il continuait
plus ou moins rigoureusement pendant six mois.
Au bout de ce temps, on perçait la lèvre et les
oreilles de l'enfant, on lui coupait quelques cheveux, et il recevait un nom. S'il atteignait l'âge de

puberté, on le soumettait à un jeûne de trois semaines et on lui tailladait la peau avec une dent d'*acouty*, comme pour l'avertir qu'il était arrivé à cette époque de la vie où l'homme doit apprendre à souffrir.

Le jeune garçon qui voulait se faire recevoir guerrier était en outre soumis à une épreuve particulière. Son père le conduisait au milieu des vieillards, le faisait asseoir à leurs pieds, puis, prenant un *mancefenil*, qu'il avait eu soin de se procurer vivant, il brisait la tête de l'oiseau de proie sur celle de son fils, et, lui en donnant le cœur chaud et saignant, il disait : Puisses-tu avec ceci manger le courage du *mancefenil !*

Puis, broyant l'oiseau dans du jus de piment, il en frottait le corps du jeune homme, qu'un vieillard avait auparavant découpé en tous sens, et il ajoutait : Puisse la force du *mancefenil* entrer avec ceci dans tes membres !

Le néophyte était alors reconduit dans son *carbet,* où il se couchait et demeurait sans manger autant de jours qu'il le pouvait. Il fallait avoir supporté toutes ces épreuves sans donner une seule marque de faiblesse pour avoir le droit de suivre les chefs à la guerre.

Quand la mort frappait un' Caraïbe, les femmes le plaçaient dans un hamac, accroupi sur ses talons, les coudes sur ses genoux, et la tête appuyée sur les deux mains. Il était ensuite déposé dans une fosse creusée au milieu de son carbet, qui ne devait plus servir d'habitation, et chaque parent, chaque ami, venait tour à tour lui adresser une sorte de chant lugubre improvisé, mais ramenant toujours les mêmes regrets et les mêmes images.

— Et pourquoi donc, disaient-ils, es-tu mort, toi qui avais tant d'ignames, de bananes et de manioc, toi qui étais aimé des tiens? Et pourquoi donc es-tu mort?... Tu étais si vaillant, tu as renversé tant d'ennemis, tu nous as fait manger tant d'Allouagues!... Et pourquoi donc es-tu mort? pourquoi es-tu mort [1]?...

Après cette espèce d'oraison funèbre, le cadavre

____

1. Rochefort, *Histoire naturelle et morale des Antilles*, p. 458.

était déposé dans une fosse creusée au milieu du carbet, on le recouvrait de terre, et il y avait un festin funéraire accompagné de chants et de danses. Les hommes, accroupis et un doigt sur les lèvres, tournaient en cercle autour de la fosse, se relevant avec un cri à chaque refrain, tandis que les femmes, les yeux baissés et les mains appuyées sur leurs seins, frappaient la terre de leurs pieds et s'arrêtaient à des temps égaux pour lever les bras au ciel [1].

1. DELABORDE, ouvrage cité, p. 601.

V

Les Caraïbes ne reconnaissaient aucune autorité pendant la paix; mais ils avaient des chefs pour leurs expéditions militaires. Ces chefs étaient de trois espèces, ceux qu'ils choisissaient librement, ceux qui s'imposaient par leur réputation de prudence ou de courage, enfin ceux auxquels la possession d'un *canoüa* valait le titre de capitaine [1]. Lorsqu'une guerre avait été décidée dans une assemblée générale et que les prêtres caraïbes, con-

1. LE PÈRE DUTERTRE, vol. II, p. 399.

sultés par les chefs, avaient promis la victoire, ceux-ci se rendaient à chaque carbet pour engager les hommes à les suivre; mais nul n'était forcé d'obéir. Ils chargeaient ensuite les *canoüas* de bananes et de cassave, prenaient leurs *boutous*, leurs arcs de bois de palmiste, leurs flèches de guerre, trempées dans le lait du mancenillier, et partaient en employant toutes les précautions nécessaires pour surprendre l'ennemi. S'ils y réussissaient, ils pillaient les *carbets*, emmenaient les femmes en esclavage et tuaient tous les hommes, sauf quelques-uns qu'ils gardaient pour les torturer et les manger au retour. Leur retour était annoncé de loin aux femmes par le son du *lembis* [1], dont les modulations leur faisaient savoir si elles devaient préparer des remèdes pour les blessés ou un *boucaou* [2] pour les captifs.

---

1. Grand coquillage.
2. Espèce de bûcher sur lequel on rôtissait les viandes.

VI

Tel était le peuple qui habitait les Antilles au moment où d'Énambuc arriva à Saint-Christophe avec son brigantin près de couler bas et son équipage de blessés. Aussi, bien que les Caraïbes eussent la réputation d'aimer les Français, le capitaine normand aborda-t-il avec précaution et une sorte d'incertitude. A peine eut-il pris terre, qu'il aperçut une troupe de Français qui accouraient à sa rencontre. La plupart étaient des naufragés jetés dans l'île par la tempête, ou des mutins que leurs capitaines y avaient déposés au passage. Tous vivaient dans les

7

meilleurs rapports avec les sauvages. Ils rassurèrent d'Énambuc, lui vantèrent la salubrité de Saint-Christophe, sa fertilité, et l'engagèrent à y rester, déclarant qu'ils étaient prêts à former une colonie sous son commandement.

Cette proposition fit réfléchir le capitaine; avant d'y répondre, il voulut examiner l'île, et juger par lui-même des avantages qu'elle pouvait offrir pour un établissement. Il la parcourut donc dans toute son étendue, et la trouva riche en productions naturelles, facile à cultiver, et bien arrosée. Cependant il hésitait encore, lorsqu'il rencontra un équipage anglais commandé par l'aventurier Waërnard [1], qui venait d'échapper comme lui aux Espagnols, et s'était réfugié à Saint-Christophe avec la vague intention de s'y fixer. En se communiquant leurs projets, encore mal arrêtés, les deux capitaines s'y encouragèrent et s'y affermirent. Ils convinrent de se partager l'île à l'amiable, de vivre en bons voisins, et de s'entr'aider s'il était nécessaire.

1. Les auteurs de l'*Histoire des Voyages* le nomment Werner

D'Énambuc revint donc au lieu de son débarquement, où il commença la construction de deux forts, tandis que Waërnard s'établissait avec ses gens sur la côte opposée.

Quelques mois s'écoulèrent dans cette activité joyeuse et fervente qu'excite toute entreprise à son commencement. Les sauvages, qui avaient fait aux nouveau-venus de grandes démonstrations d'amitié, suivaient leurs travaux avec une admiration curieuse, fréquentant surtout les Français, dont ils aimaient l'esprit mobile et la gaîté bruyante. Quelques-uns de ceux-ci, qui savaient la langue des Caraïbes, avaient d'ailleurs entrepris de les convertir à la foi catholique et ne négligeaient rien pour les attirer; non qu'il y eût chez ces apôtres de hasard une croyance bien profonde, mais la controverse théologique était une des maladies de l'époque. Elle avait gagné toutes les classes pendant les guerres de religion qui avaient agité la France, et il n'était point de compagnie de soudards, point d'équipage d'aventuriers qui n'eût son maître Scot plus ou moins expert dans l'explication des textes, plus ou moins amoureux de propager les vraies doctrines de l'Église. Grâce à eux, l'établissement français ne tarda pas à devenir une espèce de Sorbonne sauvage, où nos théologiens de tillac et les prêtres caraïbes exposaient tour à tour leurs croyances [1].

1. Les relations de Champlein sont remplies de ces débats religieux avec les sauvages et de prédications sur les points les plus subtils de la foi.

VII

Selon les *boyez*[1], l'auteur de toutes choses était *Louquo*. Descendu de ce monde qui se trouve au delà des nuages, et qui est devenu le pays des génies et des âmes, il commença par créer la terre sans eaux, sans fleurs et sans montagnes; touchant ensuite sa cuisse et son nombril, il en fit sortir les *dix grands Caraïbes*, qui, plus tard, sont devenus des dieux.

Le premier fut *Nonun* (l'astre du soir), qui se

1. Prêtres caraïbes.

trouva si beau en naissant qu'il se montra avec orgueil à toute la terre ; mais *Huoïou* (le soleil) ayant paru peu après, *Nonun* alla se cacher de honte, et depuis ce temps il ne se montre plus que la nuit. Les autres grands Caraïbes étaient *Achinaon*, qui préside à la pluie et au vent ; *Chirities*, devenu aujourd'hui une constellation servant à compter les années ; *Couroumon*, le génie des vagues ; *Savaçou*, le capitaine du tonnerre et des ouragans ; *Joulouca*, l'arc-en-ciel, qui, à force de se nourrir de poissons, de lézards, de ramiers et de colibris, a pris les teintes variées que nous lui voyons ; *Racumon*, d'abord serpent à la tête d'homme et placé sur un arbre de *cabatas* dont il donnait les fruits aux passants, mais aujourd'hui changé en étoile ; *Limacani*, la comète, dont l'apparition annonce la colère des puissances supérieures, et enfin *Coualina*, le chef des *zéméens* ou bons génies, nés des premières femmes et de *Louquo* [1].

Nous avons dit comment, au sortir des mains de

---

1. Delaborde, ouvrage cité, p. 529 à 535.

ce dernier, la terre était molle, plate et stérile. Les rayons brûlants de *Huoïou* la desséchèrent, sa surface plus solide se boursoufla en montagnes, et la verdure parut.

Louquo créa alors les premiers hommes, qui vivaient très-longtemps, ne vieillissaient point, *parce qu'ils se nourrissaient de poisson qui est toujours jeune*, et mouraient sans maladies. Il demeura plusieurs siècles au milieu d'eux, puis retourna au pays des *zéméens*, où il se trouve encore.

Mais, après son départ, la pêche devint moins abondante, les nuits plus froides, et les hommes découragés se mirent à vivre comme des bêtes fauves. *Louquo*, touché de compassion, apparut donc à un vieillard caraïbe pour lui enseigner ce qui pouvait rendre ses fils moins malheureux. Il lui montra comment les pierres pouvaient servir à tailler les arbres, le balisier à construire des *ajoupas*; le coton à faire des hamacs; puis, brisant un bâton qu'il avait à la main, il enfouit les débris dans la terre, et dit au vieillard de revenir voir dans quelque temps ce qu'ils auraient produit. Le vieillard revint au bout de neuf lunes, et trouva le manioc [1].

Le bonheur rendit les Caraïbes méchants. Ils cessèrent bientôt d'offrir à *Louquo* les *alakris* [2] qu'ils lui devaient, et le dieu se fâcha. Il laissa tomber les rivières produites dans le ciel par la sueur des *zéméens*; la terre fut inondée, et tous les hommes périrent, excepté quelques élus, qui se sauvèrent sur une haute montagne et dont les Caraïbes actuels sont les descendants.

Les prêtres sauvages ajoutaient qu'outre les dieux mentionnés dans cette théogonie, il y avait les *maboyas*, ou mauvais génies, toujours en guerre avec les *zéméens*, et qui jetaient sur les Caraïbes des sorts que les *boyez* seuls pouvaient conjurer. Chacun de ceux-ci avait, dans ce but, à son service, un *zéméen* particulier appelé *Eocheïri*, qui l'aidait

1. Voyez Delaborde, *loco citato*; Rochefort, p. 469; Thevet, *la France antarctique*, p. 52. — Cette fable est rapportée un peu différemment par chacun; mais le fond est toujours le même.

2. Offrandes d'*oaïcou* et de cassave, ou pain de manioc. (Delaborde, p. 542 et 529.)

également à guérir les malades [1], et qu'il pouvait transmettre à ses enfants par droit d'héritage [2].

Quant à la mort, chaque homme, assuraient-ils, avait plusieurs âmes qui subissaient alors diverses transformations. Les âmes des membres allaient animer les bêtes fauves, et l'âme de la tête devenait *maboya*, ou mauvais génie, tandis que *youanni*, l'âme du cœur, revêtant un corps splendide, montait au pays des *zéméens*, où le manioc pousse sans culture, arrosé par des rivières d'*ouïcou*, et où les femmes sont toujours belles!

Du reste, toutes ces âmes devenues génies avaient des sexes et se multipliaient, ce qui rendait les *zéméens* et les *maboyas* innombrables.

1. Delaborde, *ibid.*, p. 542.
2. Le père Dutertre, vol. II, p. 336.

VIII

On conçoit quel scandale de pareilles croyances
durent exciter parmi les orthodoxes du brigantin.
Incapables d'y reconnaître les traces de cette théogonie qui se retrouve dans toutes les religions
comme le reflet d'une lumière primitive et commune, ils répondirent à ces monstrueuses hérésies
par l'histoire de la création du monde selon la Ge-
nèse, suivie des explications les plus subtiles sur
le paradis et l'enfer. Malheureusement, les mots
leur manquant dans la langue caraïbe[1], ils furent

1. « Leur langue, dit Mathias Dupuis dans sa *Relation de*

forcés d'avoir recours aux circonlocutions, aux si-
militudes, aux signes mêmes, faisant ainsi de sujets
déjà obscurs de véritables énigmes dont les sauvages
s'amusaient sans en saisir le sens.

Cependant les *boyez* comprirent, au milieu de
toutes ces prédications, que les Français les accu-
saient d'être des imposteurs et proposaient de le
prouver. Se sentant trop ignorants pour tromper
des yeux européens, ils s'épouvantèrent d'un examen
qui pouvait détruire à jamais leur autorité, et réso-
lurent de tout faire pour se débarrasser de surveillants aussi dangereux.

D'Énambuc s'aperçut bientôt que les Caraïbes venaient moins souvent au fort et évitaient la rencontre de ses gens. Il ordonna de les surveiller et apprit
que les hommes étaient occupés, depuis plusieurs
jours, à fabriquer des flèches, les femmes à cuire de

l'établissement d'une colonie française dans la Guadeloupe, leur
langue est très-pauvre. Ils n'ont point de mots pour exprimer
ce qui ne tombe pas sous la grossièreté de nos sens corporels;
ils ne savent ce que c'est qu'entendement, volonté, mémoire,
parce que ce sont des puissances cachées.

la cassave [1], et que les chefs avaient mis un certain nombre de pois rouges dans leur calebasse de guerre comme lorsqu'ils veulent compter les jours [2]; de plus, des *canouas* avaient même été vus cinglant vers les autres îles à la tombée de la nuit.

1. Le père Dutertre, vol. II, p. 401

2. « Comme ils ne savent point compter, lorsqu'ils conviennent d'un rendez-vous pour une expédition de guerre, ils mettent, un à un, un nombre égal de pois dans des calebasses et en tirent un chaque jour. » (ROCHEFORT, p. 469.)

IX

Ces circonstances étaient inquiétantes; cependant le capitaine français ne savait encore jusqu'à quel point elles pouvaient le concerner, lorsqu'une jeune fille caraïbe qui s'était montrée plus sensible que les autres aux instructions religieuses, et que l'on avait baptisée sous le nom de *Barbe*, demanda à lui parler. Elle l'avertit que les *boyez* avaient convoqué une assemblée de tous les Caraïbes de Saint-Christophe, et qu'après avoir fait circuler l'*ouïcou*, l'un d'eux avait prononcé un long discours dans le lan-

gage réservé pour les grands conseils [1]. Il s'était
étudié à y rappeler toutes les injustices commises
à Saint-Christophe par les Espagnols, ajoutant que
tous les *hommes de mer* [2] étaient les mêmes, et
que les Français et les Anglais ne bâtissaient des forts
que pour se rendre maîtres de l'île entière. Ils vous
chasseront d'ici, s'était-il écrié, puis de l'île qui est
la plus voisine, puis de l'autre, puis de l'autre encore,
et quand ils auront tout pris, il faudra que le misérable Caraïbe aille habiter la mer avec les poissons [3]. » Après ce discours, les vieilles femmes, qui
s'étaient enivrées d'*ouïcou*, avaient commencé leurs
chants lugubres, rappelant combien de leurs parents
avaient déjà été frappés par le tonnerre des blancs
et excitant les jeunes gens à la vengeance. Enfin,
la guerre avait été résolue. On avait expédié des
capitaines aux autres îles, qui devaient envoyer
leurs guerriers pour surprendre les blancs à la pleine
lune prochaine, et les Caraïbes de Saint-Christophe

1. Le père Dutertre, vol. II, p. 401.
2. Nom que les Caraïbes donnent aux Européens.
3. Rochefort, p. 458.

préparaient déjà le roucou et le *génipa* pour leurs teintures de guerre [1].

D'Énambuc fit avertir Waërnard du danger commun qui les menaçait. On tint conseil au fort, et il fut décidé que l'on préviendrait les Caraïbes en les attaquant. Les deux capitaines partagèrent leurs gens en petites troupes, et, dès la nuit suivante, les sauvages furent surpris dans leurs carbets et, pour la plupart, égorgés.

Quelques jours après, parut la flotille arrivant des autres îles. Elle était montée par quatre mille Caraïbes, qui, ne sachant rien de ce qui s'était passé, débarquèrent sans défiance et vinrent donner dans une embuscade que d'Énambuc et Waërnard leur avaient préparée. Dès les premiers coups de feu, ils s'enfuirent en désordre vers leurs *canouas*; mais là le combat devint terrible, et ils ne se retirèrent qu'après avoir laissé la plage couverte de

1. Les Caraïbes se peignaient toujours de roucou, comme nous l'avons dit; mais, lorsqu'ils devaient combattre, ils ajoutaient à cette couleur rouge des raies noires tracées avec le frui[t] du *génipa*.

leurs cadavres. Les Français et les Anglais perdi-
rent cent des leurs dans cette rencontre, et tous les
blessés qui avaient été atteints par les flèches em-
poisonnées des Caraïbes, succombèrent quelques
heures après, dans des convulsions semblables à la
rage.

X

Maîtres de Saint-Christophe par cette double victoire, Waërnard et d'Énambuc laissèrent leur colonie naissante aux soins de deux lieutenants, et se rendirent en Europe, afin d'obtenir de leurs gouvernements l'autorisation nécessaire pour continuer l'œuvre commencée.

Avant de partir, d'Énambuc chargea son brigantin de ce qu'il trouva de plus curieux dans l'île, et surtout de *petun* [1], dont l'usage avait été intro-

1. Nom américain de cette plante, qui fut nommée *tabac* parce qu'on la tirait, dans le principe, de *tabago*, et enfin

duit en France, depuis quelques années, par l'entremise d'un ambassadeur à la cour de Portugal, M. de Nicot, qui en avait envoyé à Catherine de Médicis. Adopté presque aussitôt par les grands seigneurs, le tabac était devenu un objet de mode, et les gentilshommes *les mieux accommodés* ne marchaient plus sans leur petite carotte de *petun* et leur petite râpe sculptée, fabricant eux-mêmes, aux cercles de la cour, dans les ruelles et jusque dans les églises.[1], cette *poudre de la reine.*

D'Énambuc vendit sa cargaison entière de tabac à raison de dix francs la livre, ce qui lui permit de paraître à la cour « avec force plumes, velours et soieries, » et dans l'équipage d'un homme qui avait découvert un nouveau Pérou. Aussi ne fut-il bientôt question que du capitaine normand et des merveilles qu'il racontait de ces Ant-Isles, où l'arbre ne cessait de porter, en toute saison et en même

nicotiane, du nom de M. Nicot, qui l'avait fait connaître, en France, le premier.

1. Les prédicateurs du temps se plaignaient beaucoup de cet usage, prétendant que le bruit des râpes dans les églises empêchait d'entendre la parole sainte.

temps, le bouton, la fleur et le fruit. Le cardinal de Richelieu, qui, comme la plupart des grands génies politiques, avait la superstition du succès et n'aimait à protéger que les gens heureux, voulut voir d'Enambuc. Il l'écouta avec attention, se fit montrer sur une carte la position des îles Caraïbes, s'informa de leur étendue, de leurs productions, puis promit d'*en parler au roi*, c'est-à-dire d'y réfléchir.

Ces réflexions furent favorables à la colonisation, et, peu de jours après, d'Énambuc reçut une commission qui l'autorisait, ainsi que son compagnon de Rossey, à former des établissements tant à Saint-Christophe et à la Barbade, que dans les autres Ant-Isles de l'Amérique, leur en concédant pour vingt ans tous les produits, même « celui des mines d'or et d'argent qui, selon l'avis des Indiens, se trouvent en icelles, » à la seule charge de payer au roi le dixième de tous ces produits, et de maintenir les pays colonisés sous sa domination [1].

1. La commission est datée du 31 octobre 1626, signée Ar-

Le cardinal n'en resta pas là : comme d'Énambuc et de Rossey manquaient d'argent pour leur entreprise, il forma sous le nom de *Compagnie des Iles* une association de seigneurs, qui devait fournir les fonds nécessaires à la colonisation. Richelieu donna pour sa part deux mille livres et un vaisseau; mais il eut peu d'imitateurs. Aucun prince, aucun grand seigneur de la cour ne voulut s'intéresser à l'entreprise, et, sauf la signature de M. d'Effiat, nous ne voyons au bas de cet acte d'association que des noms obscurs, comme ceux de Morand, Ferrier, Canelet, Cornuel, Marion [1]. Aussi ne put-on réunir que quarante-cinq mille livres, sur lesquelles il fallait acheter trois navires, des armes, des vivres, et payer les gages des gens que l'on emmenait.

D'Énambuc vit bien que la somme était insuffisante, surtout passant par les mains de commis que la compagnie avait chargés de tous les achats; mais

---

mand, cardinal de Richelieu; sur le repli, Martin, et scellée en double queue de cire rouge.

1. L'acte est de la même date que la commission, et passé devant de Beaufort et de Beauvau, notaires.

c'était un de ces caractères hardis qui, après avoir emprunté aux secours humains ce qu'ils peuvent fournir, s'en remettent tranquillement pour le reste à la fortune, bien décidés à remplacer les ressources par la patience.

Il repartit donc pour Saint-Christophe avec cinq cents engagés, tant Normands que Bretons. Mais les navires étaient trop petits pour tant de passagers, les vivres embarqués par les commis se trouvèrent insuffisants, de sorte que la faim, la soif et la maladie firent périr la plupart des colons avant leur arrivée.

XI

Pendant ce temps, Waërnard, accueilli et soutenu
par l'aristocratie anglaise, formait à Londres une
compagnie dont milord Karlay se déclara le chef,
et qui le mit à même de revenir à Saint-Christophe
avec toutes les ressources nécessaires au succès
d'une colonie. L'île fut alors régulièrement partagée entre les deux nations : les Français en occupè-
rent les extrémités nord-ouest et sud-est, tandis que
les Anglais gardaient le centre. L'acte de partage
renfermait en outre un traité offensif et défensif

contre les Caraïbes et les Espagnols, l'engagement
de se rendre réciproquement les déserteurs ou les
esclaves fugitifs, et la promesse de continuer à vivre
en paix, dans les cas de guerre entre l'Angleterre
et la France, à moins d'ordres contraires venant
d'Europe; auquel cas on serait tenu de s'avertir
avant de faire aucun acte d'hostilité [1]. Cette convention signée, M. de Rossey fut envoyé en France
pour solliciter de nouveaux secours.

Mais la plupart des associés de la *Compagnie des
Iles* regrettaient déjà l'argent placé dans cette entreprise. On réunit à grand' peine *trois mille cinq cents
livres* pour envoyer successivement à Saint-Christophe deux flibots mal armés, qui y arrivèrent sans
vivres et chargés de mourants. Une trentaine de
ceux-ci, débarqués au soleil couchant, ne purent
être transportés aux habitations, et furent abandonnés sur la plage jusqu'au lendemain; mais la
même nuit, les Caraïbes descendirent des montagnes comme une avalanche, et lorsque les colons

---

1. Cette convention porte la date du 13 mai 1627.

revinrent, ils ne trouvèrent plus que des squelettes : les trente malades avaient été dévorés
vivants [1].

1. Le père Dutertre, vol. I, p. 24.

XII

Ainsi abandonné de tous, d'Énambuc ne perdait pas courage. Connaissant à fond ce caractère français, si souple à tout essayer, si patient quand on lui varie la lutte, si chaud dans ses dévoûments pourvu qu'on ne les lui impose pas, il allait de l'un à l'autre, prévenant les plaintes par des éloges, consolant la misère par des marques d'affection, et pansant les plaies de chaque cœur avec une espérance.

L'arrivée d'un navire hollandais, que le hasard avait conduit à Saint-Christophe, vint heureusement seconder ses efforts. Le capitaine, qui trouva excellent le tabac préparé par les colons, leur donna en échange des vivres, des étoffes, et promit de revenir dans six mois avec un nouveau chargement. Ce fut là l'origine de ces échanges entre la Hollande et les petites Caraïbes, que les compagnies auxquelles fut accordé le privilége du commerce eurent ensuite tant de peine à faire cesser.

Mais le faible secours qui venait d'être apporté à notre colonie naissante suffisait tout au plus pour retarder sa ruine, tandis que l'établissement anglais, abondamment fourni de tout par les soins de lord Karlay, devenait chaque jour plus riche et plus nombreux. « Ce fut bientôt une ruche trop pleine, forcée de jeter au dehors une partie de son essaim [1]. » Waërnard envoya une colonie dans la petite île de *Nèves*, voisine de Saint-Christophe; puis, se trouvant encore trop à l'étroit, il commença à empiéter sur le territoire des Français.

Ceux-ci réclamèrent en vain. Les Anglais, prenant,

1. Le père Dutertre, vol. I, p. 32.

selon leur invariable coutume, le besoin pour *le* droit, répondirent que, vu leur nombre, ils n'avaient point assez de terre, et que les Français en avaient trop. D'Énambuc, qui sentait l'impossibilité de soutenir honorablement ce débat dans l'état de faiblesse où se trouvait sa colonie, partit pour la France afin de solliciter un secours sérieux.

Le cardinal le reçut bien. Il avait compris l'importance d'établissements français dans les Antilles, et en désirait la réussite. Mais les embarras que lui suscitait la politique européenne, la froideur de la cour, qui subissait son joug sans aider à aucun de ses projets, avaient rendu sa bonne volonté à peu près inutile. Il cherchait en vain autour de lui des agents disposés à seconder son activité : le peuple n'était point encore en mesure de lui en fournir, et la noblesse, ne pouvant plus protester par la révolte, protestait par le silence et l'immobilité. Après avoir été si longtemps le principal véhicule de la grande machine de l'État, elle semblait s'être condamnée au repos depuis que le cardinal avait mis la main au timon.

Heureusement que la nouvelle apportée par d'É-
nambuc était de nature à vaincre cette systémati-
que apathie. Jusqu'alors les gentilshommes n'a-
vaient vu dans la nouvelle colonie qu'une entreprise formée sous la protection de leur ennemi, et
avaient affecté de n'y prendre aucun intérêt; mais
lorsqu'on vint leur dire que des Anglais voulaient
usurper un territoire marqué aux armes de France,
le sentiment national se réveilla dans toutes les
âmes, et ce coin de terre dont nul ne se souciait la
veille devint précieux à tous. Enfin, le bruit s'étant
répandu que le roi d'Espagne, de son côté, en-
voyait don Frédéric de Tolède avec une puissante
flotte pour détruire les établissements de Saint-Christophe, l'intérêt grandit avec le danger, et l'on s'é-
cria de toutes parts que ce serait une honte pour le
roi de laisser ses sujets à la merci des Anglais et des
Espagnols.

XIII

Ainsi appuyé par l'opinion de la cour, le cardinal ordonna d'équiper six navires, dont il confia le commandement à un chef d'escadre, M. de Cuzac, avec ordre de se rendre à Saint-Christophe pour veiller à la défense « de l'honneur et des intérêts du roi. » A cette époque, un tel armement ne pouvait se faire que lentement et avec de grandes difficultés. L'État n'ayant encore ni port militaire ni marine, nos flottes ne se composaient guère que de navires achetés aux marchands du Havre, de Dieppe et de Saint-Malo, ou de corsaires dont on louait les servi-

ces pour un temps, comme autrefois ceux des *con-
dottieri* d'Italie. M. de Cuzac ne put donc partir que
vers la fin de juin 1629.

Dès son arrivée à Saint-Christophe, il avertit le
gouverneur anglais de faire rentrer ses gens dans
les limites assignées à chaque nation par le traité
de 1627. Au lieu de répondre directement, Waërnard, demanda trois jours, espérant les employer à
se mettre en défense; mais M. de Cuzac ne lui en
laissa pas le temps. Il entra toutes voiles déployées
dans *la grande rade*, où se trouvaient dix navires
anglais, les attaqua malgré l'infériorité du nombre,
en prit trois, et força les autres à fuir ou à se jeter
à la côte. Cette action déconcerta tellement Waërnard, qu'il envoya déclarer le soir même qu'il était
prêt à rendre les terres usurpées, ce qui fut exécuté.

Cette affaire réglée, M. de Cuzac attendit quelques
jours la flotte espagnole ; puis, se persuadant qu'elle
avait passé outre sans attaquer Saint-Christophe,
il permit aux cinq navires qui l'accompagnaient,
de *courir le bon bord*, et lui-même alla attendre

les galions à l'embouchure du golfe du Mexique.

A peine était-il parti, que don Frédéric de Tolède parut avec une escadre de cinquante navires, et vint jeter l'ancre devant la forteresse de *la Basse Terre*, commandée par M. de Rossey.

Nous avons déjà dit un mot de ce gentilhomme, dont la vie entière n'avait été qu'une suite d'inconséquences et de contrastes. On citait de lui des actions d'une témérité fabuleuse et des lâchetés dont un soldat du guet eût rougi. Envoyé par d'Énambuc pour chercher en France du secours, il avait vendu son navire, et était parti avec le commandant de Razily pour les mers d'Irlande, tandis que ses compagnons mouraient de faim en attendant son retour; puis, comme s'il eût voulu racheter cette faute, il était revenu à Saint-Christophe pendant les plus mauvais jours de la colonie, et s'y était montré plein de patience, de dévoûment et de résolution.

Malheureusement, l'arrivée des Espagnols le surprit dans un de ses moments de couardise. Bien que d'Énambuc et Waërnard lui eussent envoyé neuf cents hommes, il laissa les ennemis débarquer et se retrancher à quelques pas du fort, sans essayer la moindre résistance. Ce fut alors qu'un neveu du capitaine d'Énambuc, M. du Parquet, honteux de cette inaction, s'élança, suivi de quelques hommes, dans les retranchements ennemis, tua le commandant espagnol, une dizaine de soldats, et tomba sur leurs cadavres percé de dix-huit coups. Cette mort héroïque, qui eût dû servir d'exemple à de Rossey, lui fit perdre la tête; il s'élança vers la chaloupe en jetant le cri de *sauve qui peut!* et s'embarqua pour la Capsterre [1], oubliant même d'emporter le drapeau qu'il avait été chargé de défendre.

D'Énambuc essaya d'abord de rassurer les fuyards, puis de les décider à la résistance; mais de Rossey assembla les principaux habitants, et ce conseil de peureux, présidé par un lâche, décida que l'on quitterait Saint-Christophe sur les navires qui se trouveraient à la rade. D'Énambuc, que l'on menaça

1. Capsterre signifie *capus terra*. C'est le nom donné à la partie de l'île faisant face au vent, qui, comme on le sait, souffle presque constamment de l'orient à l'occident. Le côté opposé est appelé *basse terre*.

d'égorger s'il s'y opposait, dut s'embarquer avec les
autres; mais ils ne purent gagner Antigoa, où ils
voulaient aller, et furent obligés de se disperser
sur les îles de Saint-Martin, l'Anguille, Saint-Bârthé-
lemy et Montserrat. De Rossey, croyant alors tout
espoir perdu, résolut de clore par une trahison
cette série de lâchetés; il gagna le capitaine du navire sur lequel il se trouvait, et partit avec lui pour
la France, où il fut arrêté, dès son arrivée, et conduit à la Bastille par ordre du cardinal.

XIV

Vers ce temps, un des vaisseaux de M. de Cuzac
étant revenu à Saint-Christophe, le capitaine Girou,
qui le commandait, apprit, à son grand étonnement,
tout ce qui s'était passé. Après la fuite des Français,
don Frédéric de Tolède avait sommé la colonie anglaise d'évacuer l'île, ce à quoi elle s'était soumise.
Une partie des habitants avait été expédiée pour
l'Europe, et les autres s'étaient engagés à s'embarquer un peu plus tard. Mais une fois la flotte espagnole partie, ils avaient oublié leur promesse, et, se
voyant seuls dans Saint-Christophe, ils s'étaient dé-

cidés à y demeurer. Ils déclarèrent même au capitaine Girou que l'*île entière leur appartenait désormais*, et l'avertirent de quitter la rade s'il ne voulait être traité en ennemi. Le Français irrité leur répondit qu'il acceptait la guerre, et, commençant aussitôt l'attaque, il leur prit deux navires qui étaient à l'ancre près du fort. Il fit ensuite passer sur ces navires une partie de son équipage, se mit à la recherche du capitaine d'Énambuc et de ses compagnons, les ramena à Saint-Christophe, et les rétablit dans leurs quartiers sans que les Anglais osassent s'y opposer.

Ce fut ainsi que la colonie, perdue par le départ précipité de M. de Cuzac et la lâcheté du commandant de Rossey, se trouva rétablie trois mois après, grâce à la persévérance de d'Énambuc et à la résolution du capitaine Girou. Nous verrons les mêmes faits se reproduire sans cesse dans cette histoire des colonisations françaises, où le gouvernement de la mère-patrie ne se fait sentir que dans les jours de prospérité, pour réclamer des priviléges, et où tout est abandonné aux efforts particuliers dans les jours de danger. Aussi peut-on dire que l'individualité française n'apparaît nulle part ailleurs avec autant d'éclat. A mesure que nous avancerons, nous verrons les événements prouver jusqu'à l'évidence que ce n'est point le caractère du peuple, mais la volonté de ses maîtres, qui a nui à nos établisssments d'outre-mer. Le Français peut coloniser comme tout autre; mais la France n'a jamais voulu de colonies avec suite et ferveur. Elle les a laissé fonder, elle les a soutenues un instant, puis elle y a renoncé, non parce qu'elles avaient échoué, mais pour n'avoir point à les défendre. Sauf Richelieu et Colbert, qui avaient senti l'importance de ces établissements, mais qui ne purent faire ce qu'ils auraient voulu parce qu'ils étaient seuls de leur avis, notre tradition gouvernementale a toujours signalé les colonies comme un embarras, et nos hommes d'État ont toujours cherché à s'en délivrer, par la raison qu'amoindrir la France, c'était simplifier son administration !

XV

Rentrés en possession de leurs terres, les Français de Saint-Christophe se remirent à les cultiver avec courage. Leur roucou, leur tabac et leur coton étaient achetés par les Hollandais, qui leur portaient en échange les productions d'Europe. L'aisance succéda à la misère; d'Énambuc entretenait dans la colonie renaissante l'amour du travail et l'esprit de concorde. Lui seul réglait les prix, veillait à l'exécution des marchés, et jugeait les différends. Les Anglais, qui étaient toujours plus nombreux, essayèrent bien deux ou trois fois de troubler

cette prospérité et d'empiéter sur nos quartiers ;
mais l'attitude résolue des colons les força toujours
à rentrer dans leurs limites. La confiance du chef
français semblait s'être communiquée à tous les
habitants. On ne les rencontrait que deux paires
de pistolets accrochées à leur ceinture de cuir, le
fusil sur l'épaule, et prêts à défendre au prix de
leur sang les biens acquis au prix de leurs sueurs.

Le bruit de ce changement finit par se répandre
en France. On apprit que les Hollandais se vantaient de faire de gros bénifices dans la nouvelle
colonie, dont le tabac était le meilleur de toute l'A-
mérique. A cette découverte, la *Compagnie des Iles*,
qui avait perdu de vue Saint-Christophe, se rappela tout à coup ses droits. Elle réclama l'exécution
du privilége exclusif de commerce qui lui avait été
accordé, et, afin de prouver qu'elle ne renonçait pas
à la colonie, elle lui expédia une patache qui portait pour principaux secours quelques officiers et
anspessades, deux femmes, deux enfants et deux
commis [1]

1. Le père Dutertre, vol. I, p. 46.

Les habitants de Saint-Christophe ne tinrent naturellement aucun compte des réclamations qui leur étaient adressées, et continuèrent leur commerce tant avec la Hollande qu'avec l'Angleterre. Enfin, la Compagnie présenta au roi une requête dans laquelle, après avoir avoué « qu'aucun des associés ne s'était jusqu'alors donné le soin de penser à ladite colonie, elle annonçait l'intention de s'y appliquer plus sérieusement à l'avenir [1], pourvu que l'on consentît à confirmer et à étendre ses priviléges. »

Cette demande fut favorablement accueillie; l'ancienne *Compagnie des Iles*, munie d'une nouvelle charte, prit le nom de *Compagnie des îles de l'Amérique*, et se constitua d'une manière plus large et plus régulière. Il fut convenu entre les associés, dont on augmenta le nombre, qu'il y aurait désormais quatre directeurs chargés du maniement des affaires, et une assemblée annuelle de tous les in-

1. Contrat du rétablissement de la Compagnie des îles de l'Amérique, passé par devant Gabriel Guerreau et Pierre Parque, le lundi 12 février 1635.

téressés. Cette fois les seigneurs, encouragés par le succès obtenu à Saint-Christophe, se présentèrent en plus grand nombre pour signer le contrat d'association, au bas duquel nous voyons figurer les noms de M. de Luynes, de M. d'Aligre, du président Fouquet et de plusieurs autres.

Les priviléges accordés à la nouvelle compagnie étaient du reste importants et nombreux. Outre le commerce exclusif, le roi lui concédait à perpétuité toutes les îles « qui ne se trouvaient occupées par aucun prince chrétien depuis le dixième jusqu'au trentième degré au deçà de la ligne équinoxiale; » il lui accordait le droit de bâtir des forts, de fondre des canons, de nommer à tous les emplois, sauf à celui de gouverneur-général. Il permettait aux gentilshommes de prendre part à ses opérations sans perdre rien de leur noblesse, et déclarait que tout artisan qui aurait séjourné six années consécutives dans les nouvelles colonies, serait réputé maître de chef-d'œuvre à son retour. A ces conditions, la compagnie s'engageait, de son côté, à faire passer, pendant les vingt premières années, dans les îles, au moins quatre mille Français catholiques, et à y entretenir des prêtres pour l'édification des habitants et la conversion des sauvages.

XVI

La *Compagnie des îles de l'Amérique* venait de
se constituer lorsque arriva en France M. de l'Olive,
lieutenant du commandant d'Énambuc. Il venait
solliciter, pour son propre compte, le droit de former un établissement à la Guadeloupe, qu'il avait
fait visiter avec soin par Guillaume d'Orange, l'un
de ses amis. Un gentilhomme nommé Duplessis, qui
se préparait à partir pour l'Amérique, se joignit à
lui, et tous deux passèrent avec la compagnie un
contrat qui leur permettait de s'établir à la Dominique, à la Guadeloupe ou à la Martinique, selon

leur choix. On leur accorda de plus quinze cents livres comptant, dont ils achetèrent quatre pièces de canon de Breteuil, cent mousquets, cent piques et cent corps de cuirasses qu'ils devaient partager également entre leurs gens [1]. Ensuite, comme l'argent leur manquait, ils s'associèrent quelques marchands de Dieppe, qui, à la condition de partager le privilége de commerce qu'ils tenaient tous deux de la compagnie, se chargèrent de l'armement des navires et de l'achat des vivres; mais ils en embarquèrent le moins possible et de si mauvaise qualité, que la disette se fit sentir dès les premiers jours du voyage.

La discorde d'ailleurs s'était déjà mise entre les deux chefs; non par la faute de M. Duplessis, qui était instruit, bienveillant et doué de cette fermeté douce qui dirige sans se faire sentir, mais par celle de son compagnon, dont le caractère commença dès lors à devenir un obstacle pour toute sage mesure.

1. Le père Dutertre, vol. 1, p. 69.

M. de l'Olive était, en effet, un de ces esprits fantasques, toujours en crise d'enthousiasme, mais incapables de tendre deux jours au même but. Son ardeur inutile ressemblait au coup de canon à poudre, qui fait du bruit sans porter. N'ayant d'autre volonté que celle d'une douzaine de familiers dont il adoptait tour à tour les manières de voir, il soutenait ses convictions de passage avec une brutalité violente qu'il s'efforçait de donner pour de la fermeté. A l'entendre, lui seul avait de la fixité, de la décision, de la suite; il attribuait aux autres tous ses changements. M. Duplessis essaya pendant quelque temps de se maintenir en bonne intelligence avec cet esprit flottant, mais tous ses efforts furent inutiles. Les variations de son associé ne pouvaient être ni prévues ni ménagées. Ce qu'il avait approuvé la veille devenait un grief le lendemain. Il fallut se résoudre à vivre chacun de son côté en voisins brouillés, sinon en ennemis.

Les deux capitaines emmenaient avec eux cinq cents hommes et quatre religieux réformés de l'ordre de Saint-Dominique « qui avaient rejoint le port d'embarquement en ramassant des aumônes pour acheter des ornements d'église et des habits [1]. » La traversée fut favorable; l'expédition prit terre d'abord à la Martinique; mais cette île déplut à M. de l'Olive, et l'on fit voile pour la Guadeloupe, où l'on débarqua le 23 juin 1635. Le lendemain, les quatre frères prêcheurs plantèrent la croix, bâtirent une petite chapelle de roseaux, où l'on célébra la messe, et l'île fut déclarée acquise à Dieu et au roi.

1. Mathias Dupuis, *loco citato*.

XVII

La Guadeloupe, que les Caraïbes appelaient *Ka-*
rukera, et qui a reçu son nom actuel des Espagnols,
se trouve placée entre le 15° et le 16° de latitude
nord. Sa superficie est d'environ cent lieues carrées. Un bras de mer la partage en deux parties.
La plus petite, au nord-est, est appelée *grande*
terre; le sol, dépourvu de rivières, y est entre-
coupé de rocs et de marécages. L'autre partie, au
nord, plus grande, plus fertile, et qui fut longtemps
la seule habitée, se nomme *basse terre*, ou pro-
prement Guadeloupe.

Ce fut là que nos colons abordèrent. Ils trouvèrent le centre de l'île occupé par des montagnes inaccessibles, au milieu desquelles s'en élevait une qui lançait par instants de la fumée et des étincelles; mais plus bas la terre leur parut fertile. Ils comptèrent plus de cinquante rivières ou torrents qui allaient se jeter dans la mer, des étangs, des fontaines, et plusieurs sources d'eau bouillante.

Deux baies très-profondes, auxquelles ils donnèrent le nom de *cul-de-sac*, étaient parsemés d'îlots ombragés de lauriers où se trouvaient en abondance les oiseaux de mer, les crabes, les tortues et les lamentins. Les terres basses, couvertes de palétuviers, servaient de refuge aux *javaris* [1].

Par malheur, M. de l'Olive voulut s'arrêter sur l'un des points les plus montueux et les plus ingrats de l'île; il y bâtit un fortin auquel il donna le nom de *Saint-Pierre*, et M. Duplessis, qui ne pouvait s'écarter beaucoup, s'établit à la gauche avec ses gens.

---

1. Sangliers des Antilles. Ils y avaient été apportés par les navires espagnols.

Malgré les instances de celui-ci pour passer à la Barbade, où il voulait prendre du plant d'ignames et de manioc, on avait cinglé tout droit vers la Guadeloupe, de sorte que les colons, une fois établis, se trouvèrent dans l'impossibilité de cultiver les terres et de préparer des récoltes. Il fallut donc s'en tenir aux vivres que l'on avait apportés. Chaque habitant fut réduit d'abord à une livre de pâte par jour, puis à cinq onces ; et, cette ressource même étant épuisée, il fallut vivre de poisson, de crabes et de tortues, ce qui engendra des maladies auxquelles la plupart succombèrent.

XVIII

Les missionnaires nous ont laissé des détails
horribles sur les souffrances des colons pendant
ces premiers temps. On en vit manger l'onguent
des chirurgiens, le cuir des baudriers, et jusqu'à
la chair des cadavres. Quelques-uns, poussés par
la superstition et la faim, se rendaient aux carre-
fours des bois pour appeler le démon et lui offraient
leurs âmes s'il voulait nourrir leurs corps [1]. Les
mourants ne consentaient à communier qu'à la

1. Le père Dutertre, vol. 1, p. 80.

condition de recevoir quelques aliments que les missionnaires étaient obligés de prendre sur leur propre nourriture ou de dérober [1]. Aussi, pendant plusieurs mois, ne vécurent-ils que de pourpier sauvage cuit dans l'eau de mer.

Les vols étaient devenus si fréquents, qu'il fallut les punir du fouet, de la marque, et enfin de la peine de mort ; encore ne put-on les arrêter. Un désespoir aveugle avait fini par s'emparer de la plupart de ces malheureux : on les voyait filer eux-mêmes des cordes de coton pour se pendre aux arbres qui entouraient le fort.

M. de l'Olive, qui avait une habitation à Saint-Christophe, s'y rendit avec la promesse d'en rapporter des vivres et des semences ; mais quelqu'un lui fit changer de projet pendant le voyage, et il revint comme il était parti.

De leur côté, les marchands de Dieppe, qui ne voyaient rien arriver de la colonie, refusaient de faire de nouvelles avances. Les colons ne reçurent

---

1. Mathias Dupuis, *loco citato*.

donc d'autre soulagement que celui qui leur venait des Caraïbes. Ceux-ci, touchés de leur misère, ne se présentaient jamais aux habitations françaises sans apporter des fruits, du poisson ou de la cassave. Mais cette libéralité même éveilla l'avidité de quelques-uns des hommes qui approchaient de M. de l'Olive ; ils lui représentèrent que les sauvages avaient dans leurs *carbets* tout ce qui manquait à la colonie, et qu'en les chassant de l'île, on passerait subitement de la disette à l'abondance.

M. de l'Olive, qui joignait à l'inconsistance dont nous avons déjà parlé une de ces bravoures puériles et brouillonnes qui cherchent le combat sans se demander quelle en sera la suite, applaudit à cette proposition et courut en faire part à M. Duplessis ; celui-ci se montra aussi surpris qu'indigné. Après avoir représenté à son associé toute l'injustice et tout le danger d'une pareille guerre, et lui avoir rappelé les recommandations faites par la compagnie et par le cardinal, il finit par déclarer qu'il périrait plutôt que de prendre part à une action aussi honteuse.

— Je la ferai donc seul, répliqua brusquement
de l'Olive ; et, sans vouloir entendre aucune autre
objection, il retourna au fort.

XIX

M. Duplessis avait jusqu'alors supporté toutes les
contrariétés et toutes les misères avec un courage
plein de patience, sinon d'activité. Entravé dans
ses projets, trompé dans ses calculs de fortune,
navré par le spectacle de souffrances qu'il ne pouvait
soulager, il s'était soumis à tout, abritant son cœur
dans la religion et les affections domestiques; mais
cette fois l'épreuve était trop forte et la résigna-
tion lui manqua. Prévoyant les conséquences de
l'indigne violence que méditait M. de l'Olive et se
voyant impuissant à l'empêcher, il se laissa aller à

un découragement chaque jour accru par la déser-
tion de ses gens, qui, dans l'espoir de partager les
profits de l'expédition, le quittaient pour son
associé. Un chagrin domestique [1] acheva de briser
cette âme plus tendre que forte. Il tomba malade,
languit quelque temps, et, ayant annoncé d'avance
l'heure de sa mort, il expira les lèvres sur le
crucifix; amèrement regretté des siens, qui, selon
l'habitude, ne comprirent combien il méritait d'être
aimé que lorsqu'il leur manqua.

Les Caraïbes, qui avaient pour lui une grande
vénération, montrèrent autant de douleur de cette
mort que s'ils eussent perdu le plus grand de leurs
chefs; mais, comme ils craignaient M. de l'Olive, ils
ne reparurent plus aux habitations françaises, ce
qui hâta les actes d'hostilité que l'on méditait contre eux.

Un hamac de coton, oublié sur le rivage par
quelques varreurs, et trouvé par les sauvages, qui
l'emportèrent après avoir laissé en échange des

1. Le danger de mort que courut mademoiselle Duplessis, qu'il
aimait tendrement. (Le père Dutertre, vol. 1, p. 83.)

fruits et un *javaris*, fut le prétexte saisi par le gouverneur de la Guadeloupe pour déclarer la guerre aux Caraïbes.

Il débuta par le meurtre d'un vieillard plus que centenaire, le capitaine *Yance*, qui fut lâchement assassiné avec un de ses fils; puis il se mit en marche vers le quartier occupé par les sauvages, espérant y trouver tout en abondance. Mais ceux-ci, avertis à temps, avaient pris la fuite, après avoir coupé le bois de leur manioc au ras de terre, de sorte que les colons ne purent le découvrir et continuèrent, dit l'écrivain auquel nous empruntons tous ces détails, « à enrager de faim sur les vivres qu'ils foulaient aux pieds sans les connaître. »

Du reste, la vengeance des sauvages ne se fit point attendre : aidés par leurs frères de Saint-Vincent et de la Dominique, parmi lesquels ils s'étaient retirés, ils commencèrent une guerre sans trêve et sans merci, qui tint la Guadeloupe haletante pendant trois années et faillit compromettre la colonisation de toutes les Antilles.

XX

Or, pendant que ceci se passait, la prospérité de
Saint-Christophe allait toujours croissant sous la
sage direction du commandant d'Énambuc: Il commençait même à se trouver trop à l'étroit, et se mit
à chercher autour de lui les moyens de s'étendre.
Ne pouvant plus songer à la Guadeloupe, où son
ancien lieutenant l'avait prévenu, il se décida pour
la Martinique, et obtint de la compagnie le droit
d'y établir une colonie.

La Martinique, ou *Madanina* en caraïbe, qui se
trouvait située entre le 14º et 15º de latitude nord,

avait l'avantage d'être rencontrée l'une des premières par les navires qui arrivaient de France.
Elle offrait, sur une superficie de quarante-sept
lieues carrées, toutes les productions communes
aux Antilles, était arrosée par plus de quarante
cours d'eau, dont quelques-uns passaient pour na-
vigables, et possédait plusieurs rades excellentes,
parmi lesquelles se trouvait ce port naturel nommé
le *Carénage*, qui devait plus tard servir d'abri aux
navires de toutes nations appelés à commercer avec
les Antilles. Mais tous ces avantages étaient effacés
par un inconvénient qui faisait regarder la colonisation de l'île comme impossible : les serpents y
étaient si nombreux, que leur odeur douceâtre se
faisait sentir avant de débarquer, et si dangereux,
que la moindre morsure causait la mort dans les
trois jours. Aussi inspiraient-ils une terreur qui
empêchait les navires d'aborder à la Martinique
pour y prendre du bois ou de l'eau. Les Caraïbes
eux-mêmes n'y habitaient qu'en petit nombre et à
contre-cœur. Selon leur tradition, ces serpents, que
l'on ne rencontrait que là et à Sainte-Alouzie, y

avaient été apportés par leurs ennemis, les Allouagues, qui avaient ainsi voulu, disaient-ils, *placer la
flèche de guerre sous chaque feuille.*

D'Énambuc n'ignorait point ce danger, mais il
savait trop bien ce que peuvent la volonté et la
prudence pour s'en épouvanter. Il y avait encore à
Saint-Christophe un certain nombre des compagnons qui avaient aidé au douloureux enfantement
de la colonie, et que les misères supportées avaient
aguerris, non découragés. Il choisit parmi eux environ cent hommes, tous gens de main, accoutumés
à l'air et au travail, leur donna de bonnes armes,
des outils, du plant de manioc, et partit à leur tête
pour la Martinique, où il arriva en juillet 1635. Il
fit aussitôt défricher, bâtit un fort où il laissa un
lieutenant, puis retourna à Saint-Christophe en re-
commandant par-dessus toute chose de conserver la
paix avec les Caraïbes.

Mais ceux-ci, poussés à bout par les violences de
M. de l'Olive, avaient juré d'exterminer les *hommes
de mer* dans toutes les îles. Ils se réunirent donc au
nombre de quinze cents, et arrivèrent au son de

leurs conques marines. Au lieu d'aller à leur rencontre, les Français, qui voulaient éviter d'attaquer les premiers, chargèrent jusqu'à la gueule les trois canons qui défendaient le fort, se couchèrent derrière la palissade et attendirent. Prenant ce silence pour de la terreur, les Caraïbes se précipitèrent vers le retranchement en lançant leurs flèches; mais tout à coup trois éclairs partirent, et la mitraille couvrit la terre de blessés et de morts. Les survivants, épouvantés, s'éparpillant au milieu de cette troupe en désordre, prirent la fuite en criant *que tous les maboyas de France étaient dans le fort.*

La leçon était assez forte pour qu'une seconde fût inutile. Les Caraïbes envoyèrent, peu de jours après, deux de leurs capitaines pour faire la paix, et les colons purent continuer leurs travaux sans craindre d'être surpris et égorgés.

D'Énambuc apprit avec joie ces heureux commencements; mais, prévoyant qu'il ne pourrait achever lui-même son œuvre, il voulut au moins en assurer le succès en la confiant à quelqu'un qui *eût de son sang dans le cœur*, et il envoya M. du Parquet, son neveu , jeune homme élevé à son école, et cousin de celui dont la mort sublime avait racheté l'honneur national à l'attaque de Saint-Christophe par les Espagnols. Cette précaution prise et toutes ses autres affaires réglées, le commandant d'Énambuc mourut vers la fin de l'année 1636, « plein de jours, » selon l'expression de l'Écriture, et pouvant se rendre ce magnifique témoignage, qu'*il avait accompli tout ce qu'il avait essayé !*

A la nouvelle de sa mort, le cardinal de Richelieu, qui, comme il le disait lui-même, n'avait besoin de se frotter à un homme qu'une fois pour savoir s'il était de plomb, de fer ou d'or, le cardinal de Richelieu, qui s'émouvait peu et ne louait guère, demeura comme frappé, et, après un long silence, il dit tout haut à ceux qui l'entouraient :

— Le roi, messieurs, ne perdra jamais de plus utile serviteur.

Éloge immense, et qui pourtant n'était que vrai; car le roi, c'était la France, et d'Énambuc avait été

le premier à lui prouver qu'elle pouvait prendre sa
part dans ce testament d'Adam, qui, selon le pape
Alexandre VI, léguait l'Amérique entière aux seuls
Espagnols.

XXI

La mort de d'Énambuc clôt pour ainsi dire la
première période de notre histoire coloniale dans
les Antilles, la période d'enfance, d'apprentissage
et de faiblesse. Nos établissements de Saint-Christophe, de la Guadeloupe et de la Martinique, vont
maintenant se fortifier et s'étendre dans les îles
voisines. La jeunesse commence pour eux, une jeunesse chargée d'orages, sans doute, mais aussi pleine
de ressources admirables, d'énergie, et inépuisable
en grandes actions. C'est surtout dans ce qui va suivre que nous allons retrouver le génie français avec

sa vivacité bienveillante, son entrain et son *goût pour les choses d'honneur*, si nous pouvons nous exprimer ainsi. Mais avant de passer au récit de cette brillante époque, qui comprend environ soixante années, nous croyons nécessaire de faire connaître l'organisation de nos établissements d'outre-mer au moment où s'achève l'ère de fondation que nous venons de parcourir.

Ainsi que nous l'avons déjà vu, tous les territoires à occuper étaient la propriété d'une compagnie, qui en faisait ensuite des concessions partielles à certains fondateurs de colonies, auxquels le roi accordait de plus le gouvernement des terres concédées, ce qui leur donnait le double caractère de propriétaires et de chefs militaires.

Ces fondateurs partaient de France avec des colons et des engagés. On appelait colons ceux qui se rendaient aux îles pour y former une habitation à leur compte et de leurs propres ressources; ils payaient leur passage et ne recevaient aucune indemnité. Les engagés, au contraire, étaient des ouvriers loués par le gouvernement, par la compagnie ou par les colons, et destinés au travail des habitations, comme les nègres le furent plus tard. Leur engagement était habituellement de trois ans, ce qui les faisait appeler dans les colonies des *trente-six mois*. Leurs gages dépendaient des conventions faites avec les maîtres; mais l'*ordinaire des îles* était de cent livres de tabac par an [1].

Arrivé au lieu dont la propriété lui avait été concédée, le chef de la colonie procédait au partage des terres, qui étaient distribuées entre les colons proportionnellement au nombre de bras que chacun d'eux pouvait employer. Mais la plupart se contentaient de ce que l'on nommait *un étage*, c'est-à-dire de cent pas de large sur mille de long. Chacun bâtissait ensuite sa case et défrichait son terrain.

Une fois leur temps de service achevé, les engagés s'associaient deux à deux, obtenaient à leur tour un étage, et devenaient colons.

Tous les achats se faisaient en denrées du pays

1. Rochefort, p. 339.

et surtout en tabac, qui était comme la monnaie courante des Antilles. La compagnie elle-même le recevait en payement des marchandises d'Europe, dont elle avait un dépôt dans chaque île.

Les habitants de la colonie ne payaient ni tailles, ni droits de douane, ni *lods et ventes* pour la mutation des propriétés, mais un seul impôt établi au profit de la compagnie et du gouverneur. Cet impôt, qui fut d'abord payé fort inexactement, et qui varia beaucoup, selon la prospérité de nos établissements et la bonne volonté des colons, se soldait *par tête*, tous les ans, sauf les trois premiers, où l'on en était exempt. Il était généralement de soixante ou de cent livres de tabac pour la compagnie, et de vingt-cinq pour les gouverneurs. Ceux-ci avaient droit à un certain nombre de domestiques qui ne payaient point de capitation. Les principaux officiers et les commis de la compagnie jouissaient de la même immunité.

Le tribunal dans chaque île était composé du gouverneur et de ses lieutenants. Il se réunissait tous les dimanches au fort ou sous un arbre, et les différends y étaient jugés sans autres frais qu'une amende destinée à l'entretien de l'église ou aux pauvres.

Il n'y avait point de garnison aux Antilles ; mais les engagés, qui avaient servi pour la plupart, formaient, sous le commandement de leurs maîtres, des compagnies aussi braves qu'aguerries. Chaque île était partagée en quartiers, et chaque quartier avait son lieutenant qui faisait monter la garde exactement, veillait à l'entretien des armes, et convoquait son quartier tous les mois pour un exercice général.

Ce fut à cette énergique organisation que les colons français durent leur constante supériorité militaire sur les Anglais, qui, selon l'expression d'un écrivain du temps, « avaient peuplé les Antilles de pauvres serviteurs plus propres à ratisser le manioc et à éjamber le tabac, qu'à soutenir l'honneur de leur pays. »

XXII

La mort du commandant d'Énambuc ayant laissé
Saint-Christophe sans gouverneur, et le capitaine du
Halde, qui y servait déjà, ayant refusé de lui succé-
der, la compagnie nomma à cet emploi M. de La
Grange Fromentau; mais, lorsqu'il voulut faire ses
préparatifs de départ, il s'aperçut qu'il manquait
d'argent, et qu'il lui serait impossible de s'établir
dans son gouvernement sur un pied convenable. Il
se décida donc à résigner sa nouvelle dignité en des
mains plus opulentes, et il proposa à M. Lonvilliers
de Poincy de lui céder tous ses droits, moyennant un

prêt de quatre mille cinq cents livres et la lieute-
nance générale de Saint-Christophe.

M. de Poincy, qui faisait partie des chevaliers
de Saint-Jean de Jérusalem, possédait en bénéfices
de son ordre plus de vingt mille livres de revenus,
et le roi l'avait nommé chef d'escadre de sa marine
en Bretagne. « C'était, dit le père Dutertre, un guerrier consommé, un grand politique, un homme puis-
sant en richesse, en amis, et une des bonnes têtes
de l'Europe. » Mais c'était en même temps un ancien
commandeur des galères de Malte, amoureux de
cette royauté despotique de la mer, qui ne relève que
de Dieu et de la tempête, habitué aux combats sans
merci, aux têtes abattues sur un signe, et aux prises
de navires chargés de belles esclaves ; car, comme
il arrive toujours, les chevaliers de Saint-Jean
avaient fini par adopter, en grande partie, les mœurs
des ennemis qu'ils combattaient ; et l'on eût dit, à
voir leur manière de vivre, que parmi les dépouilles
des Turcs, dont ils s'enrichissaient depuis si longtemps, ils avaient trouvé tous leurs vices. M. de
Poincy, qui se sentait mal à l'aise en France, au

milieu des mille entraves que lui imposaient les
lois et l'usage, pensa qu'il retrouverait dans le gouvernement d'une colonie éloignée l'autorité absolue
qu'il regrettait, et accepta avec empressement les
offres de M. de La Grange. Il fut en conséquence
nommé gouverneur de Saint-Christophe, le 15 février 1638, et de plus lieutenant-général de sa Majesté dans toutes les îles de l'Amérique.

Il partit, en conséquence, quelques mois après,
avec une suite nombreuse, composée de soldats, de
domestiques et d'ouvriers. Mais, en arrivant à Saint-
Christophe, il trouva que son lieutenant, qu'il avait
expédié en avant, n'avait rien préparé pour le recevoir. Dans sa première indignation, il voulut détruire les plantations entreprises par celui-ci et le
renvoyer en France ; la crainte de se révéler trop tôt
aux colons le retint, et il se résigna à recevoir des
excuses. Ce fut ce qui perdit M. de La Grange : le
commandeur n'avait contre lui que de la colère,
cette réconciliation forcée changea sa colère en
haine.

Après s'être fait reconnaître à Saint-Christophe,

M. de Poincy se rendit dans le même but à la Martinique et à la Guadeloupe. Là, il put s'assurer par
lui-même des efforts prodigieux qu'avaient dû faire
les fondateurs pour former ces établissements, et de
la négligence que mettait la compagnie à remplir
ses obligations. Malgré les demandes réitérées des
gouverneurs, les colons n'avaient point assez de
poudre pour tirer chacun quatre coups de mous-
quet; les canons étaient sans affûts, il n'y avait à la
Martinique, pour tout ouvrier, qu'un charpentier sans
outils, et la voile de la chaloupe qui faisait le service de Saint-Christophe ayant été déchirée par un
coup de vent, il ne se trouva point dans les maga-
sins une seule aune de toile pour la réparer [1]. Or
c'était à cette époque et au milieu de cette disette de
toutes ressources, que la compagnie écrivait à
M. du Parquet de bâtir à la Martinique un arsenal,
une ville et un hôpital! M. du Parquet répondit qu'on
ne construirait point un hôpital avec les deux mille
livres de tabac que la compagnie proposait de con-

1. Lettre de M. de Poincy à M. le président Fouquet, 16 août
1639.

sacrer à cet objet; qu'avant de songer à un arsenal, il fallait des armes pour y mettre, et qu'enfin, il commencerait à bâtir la villes dès qu'on lui aurait envoyé des maçons, des charpentiers, des menuisiers, des serruriers, des couvreurs, et tous les autres ouvriers nécessaires, munis de leurs outils [1]. La compagnie n'envoya rien, et tout resta dans le même état.

1. Lettre de M. du Parquet à M. le président Fouquet, 17 août 1639.

XXIII

Le commandeur de Poincy avait cassé à son arrivée les officiers qui commandaient les quartiers de Saint-Christophe, afin de leur substituer des gens dont il n'eût à craindre aucune opposition. Comme la compagnie avait voulu qu'il y eût dans l'île un juge et un lieutenant civil, il fit nommer à ces deux emplois un brasseur appelé Renou, et le chirurgien Giraut, ce qui le rendit maître de la justice comme il l'était alors du reste. Sûr ainsi d'imposer à tous ses volontés, il ne chercha plus à se contraindre.

Un habitant nommé Belle-Tête avait une fille

qu'on avait coutume d'appeler *la Nymphe de Saint-Christophe*. C'était le premier enfant né dans la colonie et pour ainsi dire l'Ève de cette race de créoles, si belles de leur pâleur vivante et de leurs longs yeux noirs pleins de soleil. M. de Poincy, épris de sa beauté, venait la voir si souvent que le père s'alarma de ces fréquentes visites et le laissa voir. Le commandeur ne répliqua rien ; mais, à quelques jours de là, il fit avertir Belle-Tête, dont il savait la conduite peu régulière, que ses désordres étaient un trop dangereux exemple pour sa fille et qu'il se voyait forcé de la lui retirer.

La nymphe de Saint-Christophe fut en conséquence emmenée par ordre du gouverneur, qui la conduisit lui-même chez madame de La Grange. Celle-ci, humiliée d'une telle garde, qu'elle n'osait pourtant refuser, se vengea par des épigrammes. Kérolan, son frère, qui l'avait suivie en qualité d'aumônier, alla plus loin ; il rima un poëme satirique intitulé *la Nymphe Christophorine*, dont quelques copies furent répandues dans l'île. L'une d'elles arriva jusqu'à M. de Poincy, qui, en la lisant, fut pris d'une véritable rage. Il fit chercher Kérolan, qui s'était d'abord enfui dans les bois, puis à Saint-Eustache, où il eut le bonheur de trouver un navire anglais sur lequel il s'embarqua; et, après l'avoir assigné en cas de ban et fait crier à trois briefs jours, il le condamna à avoir la tête tranchée, « *sentence que je n'ai pu faire exécuter effectivement,* dit-il d'un ton de regret dans sa lettre à la compagnie, *mais qui l'a été en effigie* [1]. »

Restait à se venger de son lieutenant. Il commença par faire saisir, comme créancier, toutes ses propriétés; puis l'accusa, ainsi que sa femme, « d'avoir eu recours à des pratiques secrètes pour aliéner les volontés du peuple. » Le brasseur Renou instruisit l'affaire et rendit un arrêt par lequel tous deux étaient déclarés *criminels de lèse-majesté!* Tous leurs biens furent en conséquence confisqués, et on les conduisit prisonniers à la Basse-Terre avec leur fils, qui était un enfant de huit ans. Leur captivité dura onze mois; enfin, au bout de ce temps,

---

1. Mémoire adressé au président Fouquet par M. de Poincy.

la sentence fut révoquée par suite de l'appel qu'ils avaient interjeté au roi, et ils purent se rembarquer pour la France.

Ce départ délivra M. de Poincy du seul contradicteur dont il craignît l'influence, et il ne songea plus qu'à s'établir dans l'île en souverain. Il commença par se faire construire une demeure qui pût être, au milieu des cases de charpente habitées par les colons, une expression visible de son pouvoir et de son opulence. C'était une sorte de château à quatre étages avec terrasse à l'italienne, chapelle, écuries, et jardins ornés de jets d'eau. A droite se trouvaient les ateliers occupés par les ouvriers qu'il avait amenés d'Europe, et à gauche le quartier des nègres appelé *la ville d'Angole*. La cour n'était point entourée de palissades, mais de murs solides, qui pouvaient mettre à l'abri d'un coup de main l'arsenal bâti au milieu. Un corps-de-garde défendait l'entrée, et des sentinelles y veillaient nuit et jour.

Une fois établi dans ce château, M. de Poincy décida que les officiers de l'île viendraient tous les dimanches l'y saluer et recevoir ses ordres; « si bien que ce jour-là, dit un témoin oculaire, on eût pris son antichambre pour celle d'un prince ou d'un ministre. »

XXIV

Mais tout en veillant ainsi à se faire rendre les
honneurs que souhaitait son orgueil, il n'oubliait
point les intérêts de sa fortune. Une sorte de croi-
sade venait de se former en Europe pour proscrire
le tabac. Jacques Ier, roi d'Angleterre, avait lui-
même écrit un *factum* contre cette plante dont il
comparait les exhalaisons à celles des *antres in-
fernaux*. La plupart des médecins français en dé-
claraient l'habitude nuisible; elle était proscrite en
Italie, en Suisse même, et l'on n'était point éloigné
de l'époque où le sénat de Berne devait publier

dans son fameux décalogue que *le crime de fumer
était défendu par Dieu même, comme le vol et le
meurtre*. Ces attaques empêchèrent l'usage de la
nicotiane de se répandre, précisément au moment
où sa culture avait pris, dans les îles de l'Amérique,
un accroissement immense, de sorte que cette mar-
chandise tomba à vil prix. M. de Poincy, à qui
tous les droits étaient payés en tabac, jugea un
tel état de choses ruineux, et, pour y porter remède,
il publia un arrêté par lequel il était défendu à tous
les habitants de Saint-Christophe, de la Martinique
et de la Guadeloupe, de faire du tabac pendant dix-
huit mois, *sous peine d'un an de prison.*

Bien que la mesure fût rigoureuse et prise dans
un intérêt personnel, elle était évidemment utile
à tous. Aussi, le gouverneur de la Martinique n'hé-
sita-t-il point à l'accepter; mais celui de la Guadeloupe refusa de s'y soumettre. C'était toujours
ce même capitaine, M. de l'Olive, dont nous avons
fait connaître l'étrange caractère. Devenu épilep-
tique, aveugle et fou, il s'était fait transporter de
la Guadeloupe à Nieves et de Nieves à Saint-Chris-

tophe, cherchant partout la santé, qui l'avait quitté, et le repos, qu'il n'avait jamais connu. M. de Poincy profita de son arrivée dans cette dernière île et de son refus d'obéir pour le faire arrêter. Désirant la souveraineté de toutes les Caraïbes, il avait depuis longtemps l'œil sur la Guadeloupe. M. Aubert était même parti avec la mission d'en solliciter le gouvernement en sa faveur; mais cet officier, qui avait épousé la veuve de M. Duplessis, obtint pour lui-même de la compagnie ce qu'il était chargé d'obtenir pour M. de Poincy et revint avec une commission qui le désignait comme remplaçant de M. de l'Olive.

Ce désappointement aigrit le commandeur contre la compagnie. Réduit par elle au gouvernement de Saint-Christophe, il résolut de s'y affermir par tous les moyens et d'en retirer seul tous les avantages. Il commença par se conférer à lui-même le monopole des échanges, en défendant aux habitants de se rendre désormais à bord des navires qui arivaient, et forçant les capitaines à lui vendre tout leur chargement, qu'il détaillait ensuite avec des bénéfices aux colons. Ceux-ci voulurent se soulever; mais la révolte fut aussitôt comprimée, et les mécontents durent en revenir, comme par le passé, aux plaintes sourdes, aux épigrammes et aux suppositions mensongères, cette dernière ressource des opprimés. Les pouvoirs de M. de Poincy venaient d'être renouvelés pour trois ans. On assura qu'ils étaient moins étendus que les précédents, et, pour le prouver, on fit courir une copie supposée de sa nouvelle commission. Le commandeur, qui en fut averti, pensa que c'était l'occasion *de faire un exemple.* Un capitaine de quartier, nommé Desmarets, lui avait été signalé comme parlant plus haut que les autres et comme colportant de case en case la prétendue commission; il l'accusa de l'avoir fabriquée, bien qu'il ne sût ni lire ni écrire, le fit arrêter et mettre en jugement. On ne put trouver des preuves contre lui, mais il fut avéré qu'il *avait mal parlé du pape, de Dieu et de la Vierge, et de M. le gouverneur,* crimes qui méritaient la mort, et pour lesquels il eut la tête tranchée en présence de tous les colons.

Cette exécution répandit à Saint-Christophe une
véritable stupeur. Pour entretenir la terreur des
colons, M. de Poincy fit placer dans tous les corps-
de-garde des grues de fer, des chevalets, et d'autres
instruments destinés à donner la question, dont
l'aspect acheva d'effrayer les plus mutins et les réduisit au silence.

Ces excès, du reste, ne l'empêchaient point de
veiller à tout ce qui pouvait servir aux progrès de
la colonie, et, pour être despotique, son gouvernement n'en était pas moins intelligent. Il avait
seulement appliqué à la civilisation des colons le
système employé pour le défrichement de l'île
même, passant le soc de sa volonté sur ces natures
sauvages et les soumettant à la culture par le fer
et la flamme. Aussi en extirpa-t-il les instincts de
désordre si profondément, que cette île fut la seule
que ne troubla, de son temps, aucune sédition. Ses
grandes manières et ses habitudes d'homme de
qualité furent, en outre, assez généralement adop-
tées à Saint-Christophe pour valoir plus tard à ses
habitants le titre de *gentilshommes des Antilles*.

Nous avons déjà parlé de la prospérité de la Martinique, où le nombre des serpents diminuait chaque jour, grâce au défrichement; la Guadeloupe elle-même, qui avait fait la paix avec les Caraïbes, commençait à se peupler et à retrouver l'abondance sous le gouvernement de M. Aubert; tout enfin marchait à souhait dans les trois colonies, lorsqu'un désastre inattendu faillit ruiner à jamais toutes ces espérances.

XXV

On se trouvait vers le milieu d'août de l'année 1642. Aux pluies qui étaient tombées pendant près de trois semaines avaient succédé des chaleurs étouffantes; un calme sinistre régnait dans le ciel, et la mer présentait une surface d'acier poli. Tout à coup des grondements sourds retentissent le long des grèves, les îles semblent se plaindre et tressaillir; enfin, à un signal donné, pour ainsi dire, les flots franchissent leurs rivages, la terre s'entr'ouvre, des pans de forêts s'abattent d'un seul coup, et des montagnes s'écroulent comme des édifices fabriqués de main d'homme. Le vent, la pluie et la foudre éclatent en même temps, parcourent *les étages* et renversent tout sur leur passage. On voyait les récoltes tourbillonner au-dessus des mornes avec les débris des habitations; les oiseaux, noyés dans l'air, tombaient par milliers avec les feuilles et les herbes arrachées; des murs de six pieds d'épaisseur furent renversés, et des pièces de canon emportées avec leurs affûts. Chaque goutte de pluie qui vous frappait aux mains et au visage y laissait une blessure [1]. Le vent parcourut en quelques heures tous les points du compas. Des vingt-trois vaisseaux qui se trouvaient à la rade de Saint-Christophe, un seul eut le temps de couper son câble sur l'écubier et de fuir; les vingt deux autres périrent. Le célèbre amiral Ruyter se trouva au nombre des naufragés et se sauva à la nage.

L'ouragan dura une nuit et un jour. Lorsqu'il cessa, les colons, qui s'étaient réfugiés dans les forts et derrière les montagnes, retournèrent à leurs habitations. On voyait les hommes sans armes

1. Père Dutertre, vol. IV, p. 97.

contre leur habitude, et les femmes, tenant près d'elles leurs enfants par un reste de crainte, parcourir les *étages* avec un silence de stupeur, sans oser se regarder ni se parler. Leurs cases avaient disparu; les champs étaient nus comme si la faux y eût passé, les routes entrecoupées de ravins, et la baie frangée de cadavres !

Ce fut surtout Saint-Christophe et la Guadeloupe qui eurent à souffrir de l'ouragan : il occasionna, dans ces deux îles, une disette qui ne fut soulagée que par l'arrivée des vaisseaux de Hollande et de France. Mais sur ces terres fécondes tous les ravages sont vite effacés. La semence laissée au milieu des ruines germa, grandit, et ne tarda point à les couvrir. Les cases furent relevées, les champs remis en culture, les cadavres enterrés et oubliés; si bien qu'au bout de quelques mois les habitations avaient déjà retrouvé leurs haies vives de bois épineux, et qu'on voyait, comme par le passé, onduler sur les pentes de l'île le tabac d'un vert tendre mêlé au feuillage plus sombre du gingembre et du manioc.

<h1 style="text-align:center">XXVI</h1>

Bien que la Compagnie des îles de l'Amérique fût loin de faire tout ce qui eût été désirable pour les colonies des Petites Caraïbes, elle voulut agrandir son domaine et présenta au roi une requête qui renfermait plusieurs nouvelles demandes. Les principales étaient : la concession de toutes les îles non occupées, jusqu'au trentième degré (l'ancien traité ne les leur accordait que jusqu'au vingtième); une exemption de droits pour toutes les marchandises provenant desdites îles; et l'évocation au grand conseil du roi de tous les différends que la compagnie pourrait avoir, à l'exclusion de tous autres juges. Le cardinal de Richelieu accorda tous ces articles [1]. De plus, comme la compagnie s'était aperçue du despotisme et des envahissements du commandeur de Poincy, elle nomma par extraordinaire M. Clerselier intendant-général des Antilles pour quatre ans, le chargeant de veiller à la perception des droits, de *clore la main* aux commis qui se rendaient coupables de négligence ou de malversations, de donner avis en France des besoins des colonies; « et généralement de faire en toutes choses ce qui sera de justice et de raison pour la conservation des intérêts de la compagnie [2]. » C'était évidemment un surveillant donné aux gouverneurs et spécialement à M. de Poincy. Celui-ci ne s'y trompa point, et il employa tant de moyens pour rendre le séjour de Saint-Christophe insupportable à M. Clerselier, qu'il le força à retourner en France quelques mois après son arrivée.

1. Édit du roi, donné à Narbonne au mois de mars, l'an de grâce 1642.

2. Commission datée du 1er octobre 1642.

XXVII

Cependant les Antilles étaient à la veille d'une véritable révolution commerciale. Une culture, ruineuse plus tard, mais qui devait être longtemps une source de richesse, allait s'y naturaliser et donner à sa production une importance toute nouvelle.

Forcés jusqu'alors à des exploitations restreintes, à cause du petit nombre de bras qu'ils pouvaient employer, les colons n'avaient fourni à l'Europe que du tabac, du coton, du gingembre et du roucou; le nombre des esclaves noirs était encore fort peu considérable, et tout se faisait par le moyen d'engagés, dont l'entretien était plus dispendieux, le travail moindre, et la soumission toujours douteuse, bien qu'on les conduisît aux champs *avec la hallebarde*. Un sieur Trézel avait bien tenté à la Martinique, en 1639, la culture de la canne à sucre, qui y avait réussi, mais sans donner de suite à ces essais. Cette plante, originaire de l'Inde, était, du reste, encore peu connue dans l'Amérique. Naturalisée d'abord à Madère et aux Canaries par les Portugais, puis à Saint-Domingue, vers 1506, elle n'avait été utilisée que plus tard dans cette denière île, où Gonzalès de Velosa fit venir des Canariens qui lui apprirent à extraire de la canne le *sel indien*. Mais cette fabrication était encore tellement restreinte, que le sucre continuait à se vendre par onces, chez les apothicaires, comme une des drogues les plus rares et les plus précieuses. La compagnie pensa qu'elle pourrait réaliser de grands bénéfices si elle faisait transplanter des cannes dans les petites Antilles, et si elle se réservait le monopole de la culture. M. Aubert, qui avait le premier donné ce conseil,

devait avoir à la Guadeloupe la direction de cette
fabrication nouvelle, sur laquelle il fondait, avec
raison, des espérances de fortune ; mais il apprit,
au moment où il s'y attendait le moins, que l'on
avait changé d'avis, et que, loin de songer à lui
accorder de nouvelles faveurs, on venait de nommer M. Houël gouverneur à sa place.

Ce M. Houël, qui était un des seigneurs de la compagnie, était venu quelques mois auparavant sous
prétexte d'examiner les colonies au nom de ses
associés ; il avait tout étudié en homme d'affaires,
inventoriant de l'œil les établissements, supputant,
dans sa pensée, les bénéfices, et marquant par
avance de son désir ce qu'il voulait prendre. La
Guadeloupe lui parut la plus avantageuse des trois
îles, et il réussit à s'en faire nommer gouverneur.

Son arrivée produisit dans la colonie une sensation pénible ; mais il s'en inquiéta peu, car, pour la
domination et la persistance, c'était un second
commandeur de Poincy. Seulement, ce que ce dernier faisait ouvertement, sans chercher d'autre
justification que sa volonté, il le faisait, lui, avec

toutes les ruses de la chicane. Celui-là régnait par l'épée, celui-ci par le papier. Esprit avide et rancunier, mais prévoyant, il trouvait moyen d'inscrire un article de loi en tête de chaque violence ou de chaque iniquité. Au fond, la manière différente dont procédaient ces deux hommes tenait autant peut-être à leur point de départ qu'à leurs caractères : M. de Poincy avait le despotisme militaire du seigneur, M. Houël la tyrannie matoise du bourgeois.

Aussi, leur rapprochement ne pouvait-il manquer d'amener des démêlés. Dès la première entrevue, ces deux orgueils se heurtèrent. En sa qualité de lieutenant-général des Antilles, le commandeur voulut exiger le serment du nouveau gouverneur, et, comme celui-ci hésitait, il le congédia brusquement en lui disant qu'il saurait le ranger à son devoir.

XXVIII

M. Houël le quitta donc brouillé et retourna à la
Guadeloupe, où il travailla d'abord, comme tous les
pouvoir naissants, à se rendre populaire.

Or, parmi les besoins qui se faisaient sentir aux
colons, il en était un plus pénible à supporter que
tous les autres : nous voulons parler du manque de
femmes. Ce malheur de toutes sociétés fondées avec
effort et par la lutte avait jusqu'alors donné à la
colonie je ne sais quel aspect de désordre, de ru-
desse et de provisoire. Le sol que le planteur avait
conquis n'était à ses propres yeux qu'un moyen de

fortune, une mine à exploiter ; pour en faire une patrie, il fallait y implanter la famille. Quelques-uns, poussés par le besoin de s'attacher par les racines du devoir et de la tendresse à la terre qu'ils cultivaient, avaient épousé des négresses ou des femmes caraïbes, mais c'était le petit nombre ; la plupart étaient encore forcés de vivre en *matelotage* [1], privés de toutes les joies du foyer. M. Houël pensa que le meilleur expédient pour consolider la colonie et s'assurer l'affection des habitants, était de leur fournir les moyens de se marier. Il le fit savoir à la compagnie, qui lui expédia sur-le-champ une troupe de jeunes filles tirées de l'hôpital Saint-Joseph et confiées à la direction de mademoiselle La Fayolle.

Cette dernière était une dévote à la manière de Tartufe, intrigante, avare, et veuve d'un mari qui vivait encore. Sa famille lui avait obtenu cette mission dans le seul but de s'en débarrasser. Elle arriva à la Guadeloupe apportant au lieu de bagage,

---

1. Association de deux habitants qui exploitaient ensemble et héritaient l'un de l'autre.

des lettres de la reine et de toutes les dames de la cour, qui recommandaient, de la manière la plus pressante, mademoiselle La Fayolle et *sa jeune compagnie*. C'était, au dire des protectrices, tout ce que les colons pouvaient désirer de plus sage, de plus soumis, de plus charmant, en un mot, la fleur des pois des hospices! M. Houël fit bâtir une grande case pour loger les nouvelles venues, et le champ fut ouvert aux épouseurs.

Mademoiselle La Fayolle accueillit chacun en raison du présent qu'il apportait, accordant aux plus généreux ses pensionnaires les plus aimables et les plus belles. Lorsque toutes furent mariées, elle fit avertir la compagnie, qui en expédia de nouvelles, comme on eût fait de marchandises à consignation, si bien que sa case fut un véritable entrepôt de fiancées pour toutes l'île, et que l'on vint même de la Martinique et de Saint-Christophe lui en demander. Elle s'enrichit ainsi, et ce fut « par ces commerces d'amour, dit le père Dutertre, qu'elle s'accrédita dans l'île jusqu'à faire la loi aux commandants. »

M. Houël eut soin de la mettre dans ses intérêts, ce qui lui donna une grande autorité dans la colonie. Il s'en servit pour chasser M. Aubert, à qui la compagnie avait conservé le titre de lieutenant-général de la Guadeloupe; puis, voulant se venger de M. de Poincy, qui affectait un grand dédain à son égard, il fit un voyage en France et intrigua si bien, qu'il réussit à faire nommer à sa place M. Patrocles de Thoisy. Mais le commandeur se mit en défense, et lorsque le nouveau lieutenant-général se présenta à Saint-Christophe, on ne lui permit point de débarquer. Celui-ci s'adressa alors à M. du Parquet, qui se mit à la tête d'une petite troupe des siens, aborda dans le gouvernement de M. de Poincy et y publia sa déchéance. Quelques centaines d'habitants, commandés par les capitaines Camot et de Lafontaine, se rallièrent d'abord à lui, et le succès semblait certain, lorsque le commandeur, qui avait attiré les Anglais dans son parti, vint les attaquer à la tête de mille combattants, les mit en déroute et fit M. du Parquet prisonnier.

M. Patrocles de Thoisy fut donc forcé de se retirer

à la Guadeloupe, où M. Houël le reçut d'abord avec
de grandes démonstrations de respect ; mais s'apercevant bientôt que le voisinage d'une autorité
supérieure à la sienne diminuait son importance et
bridait ses volontés, il commença à aigrir les esprits
contre son hôte et à entraver tous ses actes par de
sournoises menées, si bien qu'il le força à passer à
la Martinique.

Le commandeur de Poincy parut aussitôt devant
cette île avec cinq navires portant huit cents
hommes, et somma les habitants de lui livrer le
sieur Thoisy, promettant de leur rendre en échange
M. du Parquet, leur gouverneur. La proposition fut
acceptée. Le nouveau lieutenant-général, remis aux
mains du commandeur, fut conduit à Saint-Christophe, où il demeura quelque temps prisonnier. Enfin,
une nuit, on vint le réveiller dans sa prison, un
nègre le chargea sur ses épaules, et le porta à un
navire où il s'embarqua pour la France, n'ayant
pour tout bagage que deux chemises et un manteau.

XXIX

Avant le départ de M. de Thoisy, les persécutions avaient déjà commencé à la Guadeloupe et à Saint-Christophe contre ceux qui s'étaient déclarés en sa faveur. M. Houël, fidèle à ses habitudes cauteleuses, leur suscita des procès, les frappa de confiscation et les força de quitter l'île « avec la besace sur l'épaule et le bâton blanc à la main [1]. » Quant à M. de Poincy, son premier acte fut de chasser les missionnaires, qui s'étaient toujours montrés oppo-

1. Père Dutertre, vol. I, p. 366.

sés à ses rigueurs, et avaient, en dernier lieu, engagé les colons à obéir au roi. Ils quittèrent Saint-Christophe en chantant à haute voix le cantique : *Lorsqu'Israël sortit de l'Égypte.* A leur tête marchait le père gardien tenant le saint-sacrement, et l'on eût dit qu'il emportait en même temps tous les sentiments de justice et de miséricorde, car à peine eurent-ils disparu, que les supplices commencèrent. Presque tous les malheureux qui avaient rejoint M. du Parquet, lors de sa descente à Saint-Christophe, s'étaient réfugiés dans les bois après sa défaite ; le commandeur les y fit poursuivre par des nègres d'abord, puis par des chiens. Ceux qui purent échapper construisirent à la hâte des *piperys* sur lesquelles ils s'efforcèrent de gagner les îles de Saint-Eustache et de Saint-Martin ; mais la plupart furent noyés en chemin. Les capitaines de Lafontaine et Camot, dont on avait mis les têtes à prix, restèrent cachés au haut d'un figuier jusqu'à ce que la faim les forçât à descendre au rivage. Ils profitèrent pour cela de la nuit. Camot, dont tous les membres étaient enflés et qu'affaiblissait la fièvre, ne pouvait marcher qu'avec l'aide de son compagnon. Arrivés au bord de la mer, ils aperçurent au loin un navire qui était à l'ancre. De Lafontaine proposa d'aller y demander du secours à la nage.

— Va, lui dit Camot, je t'attendrai ici.

Le proscrit se jeta à la mer et atteignit le navire; mais, près d'y monter, une crainte l'arrêta. A qui allait-il se livrer? et que devait il espérer d'un inconnu, alors que ses parents et ses voisins n'avaient osé lui donner asile? Cette pensée le fit hésiter quelques minutes. Cependant, comme c'était la dernière, la seule chance de salut, il se décida, saisit une corde, monta à bord et s'avança vers l'homme qui se promenait sur le pont. Dans ce moment, celui-ci se détournait, la lune éclaira son visage, et de Lafontaine poussa un cri de surprise; c'était le capitaine Breda, son plus ancien et son plus sûr ami !

Le Hollandais l'avait également reconnu, et tous deux restèrent longtemps embrassés sans pouvoir

se parler autrement que par des exclamations et des
larmes; enfin de Lafontaine s'écria :

— C'est Dieu qui m'a conduit ici, Breda, car vous
me sauverez.

— J'y risquerai au moins ma vie, mon bien et
celui de mes marchands, répondit le marin; mais
vous savez qu'il y a défense à tous les capitaines,
sous peine de mort, de vous recevoir, et que l'on a
promis 10,000 livres de *petun* à qui livrerait votre
tête. Si mes gens, qui dorment là sous le tillaç, s'é-
veillaient, nous serions perdus tous deux.

— Que faut-il donc faire? demanda de Lafontaine.

— Vous cacher dans ma cabine, et n'en sortir
que quand nous aurons levé l'ancre.

— Il faut d'abord que Camot soit ici en sûreté
comme moi, répliqua le proscrit.

Le capitaine Breda s'écria que c'était impossible,
que le cacher seul aux yeux de ses matelots était
déjà assez difficile, et que s'il s'exposait volontiers
pour un ami, il n'était point disposé à le faire pour
un étranger. De Lafontaine eut recours à toutes les

raisons pour le persuader; mais, le voyant inébran-
lable, il lui tendit la main :

— Je prie donc que Dieu vous garde, Breda, dit-
il; quant à moi, j'ai laissé sur le rivage Camot malade; nos destinées sont inséparables.

En parlant ainsi, il passa un pied par-dessus la
lisse.

— Où allez-vous ? s'écria le Hollandais.

— Le réjoindre, répondit de Lafontaine, qui saisit une corde pour se rejeter à la mer.

Breda demeura un instant immobile ; puis, allant
à la poupe, il détacha silencieusement le canot et y
descendit.

— Ainsi vous consentez à le sauver ? s'écria de
Lafontaine.

— Puisqu'il faut tout perdre, mourons avec nos
amis, dit le Hollandais [1].

Et il se rendit au rivage, d'où il ramena Camot.
Les deux proscrits furent cachés dans la cabine du

1. Père Dutertre, vol. I, p. 307.

brave capitaine, qui mit à la voile dès le lendemain, laissant tout ce qu'il avait à Saint-Christophe
à la discrétion de M. de Poincy, et qui les débarqua
dans un port de France.

XXX

En arrivant à Paris, de Lafontaine et Camot dénoncèrent les excès dont ils avaient été victimes, et en demandèrent réparation; mais la compagnie ne pouvait rien contre M. de Poincy ni contre les autres gouverneurs, car ceux-ci étaient les véritables maîtres de ses établissements. En leur laissant un pouvoir absolu, pendant les jours difficiles, afin de se délivrer de toute dépense et de tout embarras, elle n'avait point réfléchi qu'ils garderaient immanquablement ce pouvoir après la réussite, et que la prospérité qui était leur ouvrage deviendrait leur propriété. Divisée par les intrigues de ses seigneurs, toujours à court d'argent et de prudence, la Compagnie des îles de l'Amérique avait abdiqué la direction de ses colonies en les abandonnant aux efforts personnels de ses agents ; elle devait subir maintenant la conséquence de sa faiblesse et de son incapacité. Cette incapacité et cette faiblesse avaient du reste dépassé tout ce que l'on peut croire. Pour s'en faire une juste idée, il faut parcourir la verbeuse correspondance de M. Fouquet, et voir les lâches précautions, les misérables calculs auxquels l'entraîne son intérêt malentendu. S'agit-il, par exemple, de la nomination d'un gouverneur qui pourrait être mal reçu dans la colonie, la compagnie recommande expressément à ses commis de ne point se compromettre à le soutenir, d'établir des rapports, s'il est nécessaire, avec les séditieux qui se seraient emparés de l'île et qui y commanderaient ; en un mot, « de ne rien dire ni de rien faire qui puisse attirer une inimitié préjudiciable aux intérêts de l'association [1]. »

1. Lettre de M. Fouquet à M. Houël.

On devine d'avance quel dévoûment celle-ci pouvait attendre d'agents ainsi recommandés. Sûre de ne trouver dans la compagnie dont ils étaient les représentants ni appui ni reconnaissance, les gouverneurs ne songèrent qu'à se créer une autorité personnelle qui ne tarda pas à devenir absolue. Le manque de protection suffisante les avait poussés à l'usurpation. Arrivés là, ils ne négligèrent rien pour s'affermir en se donnant le mérite de tous les actes utiles et mettant sur le compte des seigneurs tous ceux qui pouvaient heurter les intérêts ou les passions de la colonie. Ils parvinrent par ce moyen à rendre ces derniers tellement odieux, que l'un d'eux disait plaisamment :

— La compagnie fait le même effet sur nos planteurs que la tête de loup sur les enfants; elle épouvante les plus timides et met en fureur les plus hardis [1].

Mais hardis et timides trouvaient toujours quelque raison pour ne point payer les cent livres de

1. Lettre de M. Houël à la compagnie.

petun auxquelles ils étaient obligés. C'était tantôt le vent, tantôt la pluie, une fois les chenilles, une autre fois les ouragans; si bien que les seigneurs attendaient encore en vain un cours de saison qui permît de payer l'impôt.

Pour comble de malheur, les réclamations surgissaient de toutes parts. M. Patrocles de Thoisy, qui avait fait d'énormes dépenses, exigeait des indemnités; madame veuve de l'Olive venait de gagner un procès contre la compagnie; MM. du Parquet, Houël et de Poincy, menaçaient de faire valoir des créances arriérées. Les directeurs, à bout de ressources, assemblèrent tous les intéressés et proposèrent de liquider l'association, ce qui fut accepté.

En conséquence, M. Houël acheta la Guadeloupe au prix de soixante mille livres, plus une rente de six cents livres de sucre fin [1]; M. du Parquet obtint

---

1. Contrat du 4 septembre 1649. — On n'y fit point paraître le nom de M. Houël, mais celui de M. de Boisseret, son beau-frère et son associé.

la Martinique aux mêmes conditions [1]; enfin M. de Poincy acquit Saint-Christophe, au nom de la religion de Malte, pour la somme de cent vingt mille livres [2].

Comme le contrat accordait en outre aux trois acquéreurs la propriété des petites îles voisines de leurs établissements [3], chacun d'eux s'occupa sur le-champ d'y jeter des colonies. M. de Poincy avait déjà pris possession, dès l'année 1648, de Saint-Barthélemy, petite île d'environ sept lieues carrées, et de Saint-Martin, dont il avait partagé le territoire avec les Hollandais. Il regarda de nouveau autour de lui et résolut d'occuper Sainte-Croix. Cette île, d'environ quatorze lieues carrées, qui avait appartenu d'abord à la Hollande, puis aux Anglais, venait d'être conquise par les Espagnols. Il les en chassa et établit à leur place trois cents colons de Saint-

1. Contrat du 27 septembre 1650.

2. Contrat du 24 mai 1651.

3. M. Houël avait la Désirade, Marie-Galande et les Saintes; M. du Parquet, Sainte-Alousie, la Grenade et les Grenadiens; M. de Poincy, Saint-Martin, Saint-Barthélemy, Sainte-Croix.

Christophe. M. du Parquet, de son côté, profitant du désastre des Anglais, que les Caraïbes avaient tous égorgés à Sainte-Alousie, forma un établissement dans cette île, qui n'a pas moins de vingt-huit lieues carrées. Il acheta ensuite des sauvages, pour des serpes, de la rasade et deux barriques d'eau-de-vie, la propriété de la Grenade, où il distribua des terres à deux cents colons tirés de la Martinique. Mais les vendeurs, comme on pouvait le prévoir, ne tardèrent point à se repentir de ce marché, et ils attaquèrent les Français à l'improviste dans leurs nouvelles habitations. Repoussés par ceux-ci, ils se réfugièrent d'abord dans les bois, puis sur un morne où ils avaient construit une sorte de fort qu'ils croyaient inaccessible. Les colons découvrirent pourtant le sentier qui y conduisait et les y poursuivirent. Les Caraïbes, voyant alors la défense impossible, coururent tous vers la partie du rocher qui dominait la mer, et chacun d'eux, prenant sa femme et ses enfants dans ses bras, s'élança dans l'abîme en fermant les yeux.

Pendant ce temps, M. Houël faisait occuper également les Saintes et Marie-Galande; de sorte qu'en 1653, la France possédait dans la mer des Antilles neuf îles, sans parler de la Tortue et de la côte occidentale de Saint-Domingue.

XXXI

Malheureusement ces colonisations réveillèrent le
mécontentement des Caraïbes, aigris d'ailleurs par
les nègres marrons qui les avaient rejoints en grand
nombre et par les conseils d'un métis qu'ils avaient
pris pour chef. Ce métis était fils d'une femme caraïbe et du général Waërnard, ancien gouverneur
de Saint-Christophe pour les Anglais. Élevé dans la
maison de son père, il tomba, après la mort de
celui-ci, sous la tyrannie d'une belle-mère qui le
força à travailler les fers aux pieds avec ses esclaves.
Waërnard supporta quelque temps son sort avec pa-

tience. C'était un jeune homme, grand et bien fait, comme tous les sauvages des Antilles ; mais ses longs cheveux bouclés, son front large, son œil ouvert et pensif, annonçaient en lui le mélange d'une race plus intelligente. Il excellait à tous les exercices, parlait également bien l'anglais, le français ou le caraïbe, et était doué d'une merveilleuse éloquence. Poussé à bout par les mauvais traitements, il s'enfuit de Saint-Christophe à la Dominique, où les sauvages le choisirent pour leur chef. Milord Willougby, qui commandait les colonies anglaises, sentit le parti qu'il pourrait tirer d'un pareil allié, et réussit à le gagner par des présents. Il l'envoya même à la cour d'Angleterre, où notre Alcibiade caraïbe se montra en équipage de gentilhomme, sans paraître embarrassé de son pourpoint de velours, de son chapeau à plumes ni de son épée ; mais, de retour à la Dominique avec une commission de gouverneur, il y reprit son habit de roucou, assembla les sauvages selon les instructions qu'il avait reçues, et, dans un *ouicou* général, il fit décider la guerre contre les Français.

Il aida d'abord à reprendre Sainte-Alousie, que les Anglais vinrent attaquer sans avertissement et en pleine paix, sous prétexte que cette île leur avait autrefois appartenu, mais en réalité parce que la Barbade, qui était voisine, avait besoin d'une terre où elle pût écouler le trop-plein de sa population. Cette expédition fut suivie de plusieurs autres dans lesquelles Waërnard conduisit les Caraïbes avec autant d'audace que de bonheur. Les îles de Marie-Galande, de la Grenade et de Saint-Martin, furent principalement visitées par ces terribles ennemis qui arrivaient le soir en rampant dans l'herbe sans qu'on les aperçût, mettaient le feu aux cases et se retiraient au point du jour, laissant une rangée de pieux surmontés de têtes devant les ruines noircies. Ils surprirent même la Martinique, au nombre de deux mille, te vinrent assiéger M. du Parquet dans son habitation. Celui-ci, qui n'avait près de lui qu'une douzaine d'hommes, se défendit avec une merveilleuse intrépidité. La goutte, dont il était tourmenté depuis plusieurs mois, l'empêchant de marcher, il se fit porter près d'une des fenêtres d'où il pouvait surveiller l'assaut, et où on le voyait sur son fauteuil de chêne, ayant à ses pieds les six dogues qui lui servaient habituellement de gardes, charger lui-même ses armes tout en donnant ses ordres, et répondre aux cris des sauvages par des coups toujours sûrs. Mais les munitions finirent par lui manquer, et il n'avait plus d'espoir que dans les secours des colons, lorsqu'on vint lui apprendre que les nègres marrons, roucoués à la manière des Caraïbes pour ne pas être reconnus, s'étaient dispersés dans les étages, et que les habitants épouvantés s'enfuyaient de tous côtés dans les bois sans écouter la voix de leurs officiers. C'en était donc fait du gouverneur et de la colonie, si quatre grands navires hollandais armés en guerre n'étaient arrivés à la rade dans ce moment. En apercevant les habitations en feu et les Caraïbes qui parcouraient le rivage le *boutou* à la main, les capitaines comprirent ce qui se passait et se hâtèrent de débarquer leurs équipages, qui forcèrent les sauvages à se retirer.

XXXII

Ces attaques, suscitées par les Anglais, étaient du reste moins dangereuses encore que les dissensions survenues entre les nouveaux propriétaires des Antilles. Les efforts de M. Houël pour dépouiller ses neveux des droits qu'ils avaient sur une partie de la Guadeloupe, la mort de M. du Parquet, qui livra le gouvernement de la Martinique à une femme, et l'inflexible orgueil de M. de Poincy, qui résistait aux volontés de l'ordre de Malte comme il avait résisté à celles du roi, y entretenaient un état continuel d'irritation et de trouble. Enfin Colbert, qui comprenait l'importance du commerce pour une grande nation, et qui le savait aussi impossible sans une marine, qu'une marine sans établissements lointains, songea à constituer une nouvelle compagnie qui possédât des ressources suffisantes pour travailler à l'agrandissement de ces colonies fondées par le seul courage des particuliers. L'association qui venait de se former par les soins de M. de La Barre, pour un nouvel essai d'établissement à Cayenne, fut la base de cette *Compagnie des Indes-Occidentales* à laquelle le roi concéda, outre la terre ferme d'Amérique, depuis le pôle nord jusqu'à la Floride, et de l'Orénoque au fleuve des Amazones, toute la côte d'Afrique, à partir du cap Vert jusqu'au cap de Bonne-Espérance. Quant aux Antilles, la compagnie devait en acquérir la propriété, moyennant un prix fixé par des arbitres.

L'édit royal qui constitue cette association est d'autant plus important à consulter pour l'histoire de notre commerce et de nos colonies, qu'on y trouve tout le système de Colbert clairement exposé en quelques mots. Ce système, il faut l'avouer, est fort en arrière de la philosophie économique proclamée de nos jours par Smith et ses disciples. Il a pour unique base *l'intérêt national*, traité dans ces derniers temps de principe honteux et rétréci, comme s'il n'y avait pas pour la nations, de même que pour les individus, un égoïsme nécessaire qui n'est que le sentiment de leur conservation! Colbert y établit [1] que les particuliers qui avaient jusqu'alors possédé les colonies françaises, n'ayant point été assez riches pour entretenir le nombre de navires nécessaire au transport des marchandises, avaient laissé faire ce transport par les étrangers, ce qui était aussi préjudiciable aux sujets du roi, qui perdaient ainsi les occasions de s'enrichir, qu'au roi lui-même, dont la marine ne pouvait s'agrandir ni se fortifier. La *Compagnie des Indes-Occidentales* était fondée pour obvier à ces inconvénients, et afin qu'elle pût suffire à ce que l'on espérait d'elle, des priviléges et des secours extraordinaires lui avaient été accordés.

Ainsi l'édit déclarait que tout Français intéressé à

1. Ce décret fut donné à Paris au mois de mai 1664.

l'association pour vingt mille livres, acquerrait par ce seul fait droit de bourgeoisie dans la ville qu'il habitait et serait dispensé de la résidence s'il était officier.

En souscrivant pour la même somme, un étranger acquérait tout les droits des sujets du roi sans avoir besoin de lettres de naturalisation.

La compagnie était exempte d'impôt pour les vivres et marchandises nécessaires à l'équipement de ses vaisseaux. Elle devait recevoir, à titre de prime, trente livres par tonneau pour les marchandises qu'elle transportait aux colonies françaises, et quarante livres par tonneau pour celles qu'elle en rapportait. En cas de guerre, le roi s'engageait à l'assister d'armes et de vaisseaux; il s'interdisait toute saisie des objets appartenant aux associés; enfin, il se déclarait disposé à leur prêter sans intérêts le dixième de toutes les dépenses qu'ils feraient pendant les quatre premières années, et à ne point exiger de remboursement dans le cas où ils auraient fait des pertes égales à la somme avancée.

La compagnie avait de plus le privilége exclusif

du commerce, le droit de choisir ses gouverneurs,
ses officiers et ses juges Elle était dirigée par neuf
directeurs élus en assemblée générale, et dont trois
au moins devaient être des marchands.

XXXIII

Encouragée par de tels secours la *Compagnie des Indes-Occidentales* remboursa les propriétaires des Antilles, en prit possession avec les minutieuses formalités alors en usage pour les transmissions des propriétés[1], et y nomma des gouverneurs auxquels

1. Les voici décrites par M. de Chambré, à propos de la prise de possession de Saint-Christophe : « Ayant reçu la clef (de la maison du gouverneur), j'en ouvris et fermai les portes, j'entrai et ressortis. Je descendis aux officines, où je fis faire feu et fumée; j'y bus et y mangeai. J'entrai dans la chapelle et y fis célébrer la messe après le son de la cloche. J'entrai dans e corps-de-garde, et j'en fis sortir la garnison et la fis rentrer

elle assigna des appointements et des rations au
lieu de l'impôt qu'ils prélevaient autrefois sur les
colons. Le gouvernement de la Guadeloupe fut con-
fié à M. du Lion, celui de la Martinique à M. de Clodoré, celui de Saint-Christophe au commandeur de
Salles, ceux de Marie-Galande, de la Grenade, de
Sainte-Croix, à MM. de Théméricourt, Vincent
et Dubois. Lorsqu'elle leur adressa leurs commis-
sions, la compagnie les exhorta à faire tous les préparatifs de défense possibles, les prévenant que la
guerre avec les Anglais était imminente.

Mais les Anglais avaient déjà pris soin d'avertir
les nouveaux gouverneurs à leur manière, en
arrêtant, sans aucune déclaration d'hostilité, les
barques françaises qui avaient jeté l'ancre sur leurs
rades et en s'emparant des navires de la compagnie qui s'étaient trouvés trop faibles pour résister.

sous l'autorité de la Compagnie des Indes-Occidentales. Je fouillai
la terre et tirai des pierres; je coupai des arbres par le pied;
j'arrachai des herbes et en replantai d'autres, et je fus ensuite
sur le perron, où je fis tirer du canon et crier : Vive le roi et la
compagnie! »

M. de Clodoré demanda raison de cette violation du droit des gens à milord Willougby, qui s'excusa d'abord de répondre à sa lettre sous prétexte *qu'il ne savait point le français*, et qui finit par déclarer *qu'il ignorait complétement. les faits dénoncés, mais qu'il s'en informerait*. Il ajouta que tout son désir était de voir les deux nations conserver la neutralité dans les Antilles. Le commandant Wats, gouverneur de Saint-Christophe, renouvela même l'ancien traité à cet égard. Mais on apprit en même temps qu'il faisait tous les préparatifs nécessaires pour attaquer. Bientôt, d'ailleurs, tous les doutes à ce sujet furent dissipés. Neuf barques chargées de soldats anglais arrivèrent de Nieves à Saint-Christophe et furent suivies de plusieurs navires venant de Saint-Eustache. Les vigies, qui avaient reconnu sur leurs tillacs des casaques de toile tachées de sang, des bonnets à visière et de longs fusils, déclarèrent que c'était le colonel Morgan avec ses boucaniers [1].

1. *Histoire des Aventuriers*, par Oëxmelin, vol. I, p. 150.

XXXIV

Cette nouvelle, répétée de bouche en bouche, se répandit bientôt dans tous les quartiers. Le nom du flibustier anglais y était connu des enfants eux-mêmes, qui avaient chanté la *complainte* où l'on célébrait ses merveilleuses aventures. Morgan pouvait être regardé comme l'Achille de cette Iliade transatlantique, dont le terrible et malheureux Olonnais était l'Ajax. C'était lui qui, après avoir pillé le Port-au-Prince, Maracaïbo, Gibraltar, avait pris d'assaut les forts de *Porto-Bello*, hérissés de plus de canons que sa troupe entière ne comptait de combattants; et comme, en apprenant cette nouvelle, le président de Panama s'était écrié : — De quelles armes se servent donc ces hommes pour accomplir de tels miracles? — Morgan lui avait envoyé un fusil de boucanier en lui faisant savoir qu'il lui montrerait sous peu la manière de s'en servir dans sa ville de Panama même, et il avait accompli cette menace peu après, en faisant avec les siens une marche de sept jours dans la forêt, sans autre nourriture que des feuilles d'arbres. Revenu riche de cette expédition, dont il s'était approprié tout le profit, et suffisamment justifié aux yeux de ses compatriotes par cette opulence des moyens employés pour l'acquérir, Morgan avait épousé depuis peu la fille d'un des principaux officiers de la Jamaïque; lui-même venait de recevoir du gouvernant anglais le brevet le colonel, et il arrivait, avec ce titre, à la tête de deux cent cinquante flibustiers, espérant que le pillage des colonies françaises ne lui serait pas moins profitable que celui des colonies espagnoles.

Le commandeur de Salles, qui jusqu'alors avait

voulu douter de la mauvaise foi des Anglais, comprit enfin que toutes les promesses de neutralité n'avaient été qu'un leurre, et que la guerre était inévitable. Il voulut faire pourtant une dernière tentative, et envoya demander au commandant Wats pourquoi il rassemblait des troupes, contrairement à la convention signée entre eux.

— Avertissez votre gouverneur, répliqua brusquement le général anglais à l'envoyé, que dans trois jours j'irai le chasser de ses quartiers.

— Et moi je le chasserai des siens aujourd'hui même, dit M. de Salles dès que cette réponse lui fut rapportée. Faites armer les compagnies et sortez les drapeaux.

Malheureusement les Français occupaient les deux extrémités de l'île, en sorte que leurs quartiers se trouvaient séparés par celui des Anglais. Le gouverneur, qui habitait la *Basse-Terre,* envoya prévenir les officiers qui commandaient à la *Capsterre* et à la *Pointe de Sable,* de se diriger vers la ravine de Cayonne, où il commencerait l'attaque; mais cet ordre ne parvint à aucun des commandants, de sorte que chacun combattit séparément de son côté sans savoir ce qui se passait ailleurs.

Les Français n'avaient que sept cents hommes à la *Basse-Terre*, trois cents à la *Pointe de Sable*, deux cents à la *Capsterre*, en tout douze cents hommes. Les Anglais en comptaient trois mille.

Quand M. de Salles fut à la tête de sa troupe, il fit venir cent cinquante nègres auxquels il distribua des demi-piques et des torches ; puis, rappelant la douceur de leur esclavage, comparé à celui qu'ils auraient à subir s'ils tombaient au pouvoir des Anglais, il ajouta en terminant que c'était à eux de voir lesquels ils préféraient des maîtres qui les admettaient près d'eux aux offices et à la table sainte, ou de ceux qui refusaient à leurs noirs jusqu'à l'égalité des prières après la mort. Ils poussèrent tous de grands cris, en répétant qu'ils voulaient rester *noirs français*, et qu'ils exécuteraient pour cela fidèlement les ordres reçus.

Le commandeur leur donna en conséquence ses instructions ; puis, se tournant vers les colons, il déclara à haute voix qu'il offrait sa vie à Dieu, pourvu que les siens obtinssent la victoire; il ajouta qu'en cas de mort, M. le chevalier de Saint-Laurent devrait être regardé comme son successeur; et, levant son épée, il s'avança vers la ravine de Cayonne avec toute sa troupe. Près de lui marchaient les missionnaires, le crucifix à la main.

La ravine, qui formait une sorte de rempart naturel, fut emportée du premier élan par les Français, qui poursuivirent les ennemis jusqu'aux *Cinq-Combes*. Là, de nouvelles troupes rallièrent les fuyards et rétablirent le combat. M. de Salles y fut tué, et cette mort causa un moment de consternation qui faillit compromettre le succès de la journée; mais le chevalier de Saint-Laurent descendit de cheval, couvrit le cadavre de son manteau, et les Anglais furent culbutés.

XXXV

La troupe victorieuse arriva ainsi à la *Capsterre*, que les Anglais venaient d'attaquer, et où ils avaient également été battus. Pendant ce temps, les nègres, armés de piques et de torches, parcouraient le quartier anglais, égorgeant les troupeaux, brûlant les cases et les champs de cannes. Le commandant Wats aperçut les étincelles par-dessus les mornes, et en apprenant par les fuyards ce qui s'était passé, il réunit les quatorze cents hommes qu'il avait près de lui pour attaquer les trois cent cinquante Français qui défendaient la *Pointe de Sable*.

Morgan marchait en tête avec ses boucaniers, qui, croyant avoir affaire à des colons espagnols, s'avançaient en agitant leurs armes et répétant leur chant de guerre; mais ils furent arrêtés dès les premiers pas par les *enfants perdus* du capitaine l'Espérance. Le combat dura deux heures avec un inexprimable acharnement; Morgan y périt avec tous ses boucaniers [1]; le gouverneur Wats fut frappé à mort, et les troupes qu'il commandait se réfugièrent à la Grande-Rade.

Ainsi victorieux sur tous les points, les Français se réunirent le soir même à la *Pointe de Sable*, résolus à poursuivre leurs succès le lendemain. Malheureusement la plupart avaient épuisé leurs munitions. On amassa tout ce que l'on put trouver de poudre dans les cases, et plusieurs habitants firent fondre le plomb de leurs sucreries pour fabriquer les balles. Enfin, le jour venu, on allait se mettre en marche, lorsque les Anglais envoyèrent un parlementaire pour demander à capituler. Le

1. Dix-sept seulement échappèrent au combat.

chevalier de Saint-Laurent retourna la lettre qui renfermait cette demande et écrivit au revers :

« Les Anglais livreront leurs forts, canons, armes, munitions.

» Ils ne pourront rester à Saint-Christophe qu'en prêtant serment de fidélité au roi de France.

» Il ne leur sera permis de porter aucune arme, pas même l'épée.

» Ils auront liberté de conscience, pourvu qu'ils ne fassent aucun acte extérieur de religion.

» Nous leur accordons quatre heures pour signer ces conditions. »

Les Anglais signèrent.

M. Auger partit peu de jours après pour la France, où il apporta les drapeaux pris sur l'ennemi. En entendant le récit de ce merveilleux combat, M. de Turenne s'écria :

— Je donnerais une année de ma vie pour y avoir été.

Louis XIV lui-même, qui s'en était fait répéter plusieurs fois les détails, dit à M. Auger :

— Vous pouvez écrire à mes officiers de Saint-

Christophe que, s'ils attachent quelque prix à l'estime de leur roi, ils ont lieu de se trouver satisfaits.

Quant à Colbert, il envoya au chevalier de Saint-Laurent la commission de gouverneur et une gratification de mille écus.

Ce premier succès de nos colons augmenta leur confiance. Les gouverneurs de Sainte-Croix, de la Grenade et de Marie-Galande, que la compagnie avait engagés à abandonner leurs établissements dans la pensée qu'ils ne pourraient les défendre, répliquèrent que les habitants de leurs îles avaient déposé tout ce qu'ils possédaient dans des silos trop profonds pour être sondés avec l'épée [1] ou dans des *coyemboucs* cachés parmi les lianes [2], et

1. Labbat, Rochefort, Dutertre, *passim*. — Les objets qui ne craignaient point l'humidité étaient enfouis dans des fosses étroites par l'ouverture, larges par la base, que l'on recouvrait de gazon pour les mieux cacher, et que l'on alignait avec des arbres afin de les retrouver. Les objets plus délicats étaient renfermés dans de grosses calebasses appelées *coyemboucs*, que l'on cachait dans le feuillage et parmi les lianes.

2. *Relation de ce qui s'est passé dans les îles*, etc., vol. I, p. 162.

que, quant à leur sûreté personnelle, ils avaient pratiqué au milieu des bois des *réduits* défendus par des abattis de forêts où quelques hommes pouvaient défier une armée. L'île de Saint-Martin fut donc seule évacuée ; encore M. Desroses, qui y commandait, détruisit-il en passant l'établissement formé par les Anglais dans la petite île de l'Anguille. Quant à Saint-Barthélemy, dont on avait également retiré les colons, on y envoya peu après, de Saint-Christophe, huit cents catholiques irlandais, qui reçurent un gouverneur français et prêtèrent serment de fidélité au roi.

XXXVI

Vers cette époque, une flotte passa devant la Guadeloupe, et l'on apprit que c'était lord Willougby qui se rendait à Saint-Christophe dans l'intention d'y massacrer tous les Français. Mais un ouragan qui s'éleva subitement dispersa ses quarante navires, dont deux seulement réussirent à gagner Antigoa et Mont-Serra. Les autres furent brisés sur les rochers des Saintes, où les naufragés qui purent échapper se fortifièrent. M. du Lion, craignant de les voir s'établir à demeure dans un lieu où ils pourraient couper toute communication entre la

Guadeloupe et les autres colonies françaises, réunit quelques *canoüas* de Caraïbes (car l'ouragan avait détruit toutes ses chaloupes) et débarqua le soir aux Saintes. Les Anglais avaient construit leur fort au pied d'un morne qui ne semblait accessible qu'aux oiseaux ou aux chèvres sauvages; cependant, le lendemain, en se réveillant, ils y aperçurent, avec stupéfaction, une batterie sur laquelle flottait le drapeau blanc! M. du Lion avait profité de la nuit pour gravir la hauteur et les prendre à revers. Après une résistance de quelques heures, ils se rendirent à discrétion. Deux des navires jetés à la côte furent en outre relevés, et l'on en prit trois autres, peu après, à Henri Willougby, neveu et successeur de celui que l'ouragan avait fait périr.

Au milieu de ces succès continus, M. de la Barre arriva avec quelques secours et une commission de la compagnie. Les colons s'étonnèrent d'abord de ce que celle-ci eût choisi un homme de robe pour lieutenant-général; mais cet étonnement cessa lorsqu'ils le virent à l'œuvre. L'ancien conseiller possédait en effet plus que la science de la guerre; il

en avait l'instinct. Il comprit sur-le-champ que dans
une lutte aussi inégale l'audace était de la prudence,
et qu'il fallait frapper coup sur coup; aussi se pro-
nonça-t-il, dès les premiers jours, pour les entreprises
les plus hardies. Antigoa, où les Anglais avaient une
colonie florissante, fut attaquée par ses ordres. Après
une vigoureuse résistance, le colonel Garden, qui
était gouverneur de l'île, s'engagea à la remettre dans
un délai convenu. Mais lorsque M. de Clodoré se
présenta pour l'occuper, il apprit que le major
Fische était arrivé avec plusieurs compagnies, et
que les Anglais avaient repris les armes. Une lettre
signée Marie Garden lui annonça en même temps
que le colonel, qui voulait exécuter la capitulation,
venait d'être arrêté comme traître, et le suppliait
de prendre sous sa protection « un homme qui n'a-
vait levé la main ni le cœur contre lui [1]. » Le soir
même, Garden, qui avait réussi à s'échapper, con-
firma la vérité de cette excuse en venant se rendre
loyalement aux Français. L'ordre de marcher à

____

1. Père Dutertre, vol. IV, p. 180.

l'ennemi fut aussitôt donné; mais le major Fische, qui avait accusé le colonel de trahison pour avoir capitulé à la suite d'un combat glorieux, se rendit, lui, sans autre résistance que deux coups de feu si mal adressés, qu'ils tuèrent une de ses propres sentinelles.

Après Antigoa, les Français prirent successivement Mont-Serrat, Saint-Eustache et Tabago. Cette dernière île fut conquise par quinze hommes et par un tambour, qui somma la garnison de se rendre, sous peine de n'obtenir aucune merci, *parce que l'armée française, ayant d'autres entreprises plus considérables à accomplir, ne voulait point être retardée* [1].

1. Père Dutertre, vol. IV, p. 166.

XXXVII

M. dé la Barre désirait que l'on ajoutât à ces conquêtes celle de Nieves, qui était pour Saint-Christophe une voisine d'autant plus dangereuse, que les navires ne pouvaient arriver à cette dernière île sans passer devant les forts anglais. Ce projet fut malheureusement repoussé par les gouverneurs, qui ne songeaient qu'à mettre leurs propres établissements en état de défense. On venait, en effet, d'annoncer l'arrivée à la Barbade d'une flotte formidable commandée par Guillaume Willougby. M. de la Barre, qui se trouvait alors à Saint-Christophe, pensa qu'en joignant les navires laissés dans le carénage de la Martinique à une escadre hollandaise qui venait d'y mouiller, il pourrait se porter à la rencontre des vaisseaux ennemis, et il s'embarquait pour en faire la proposition à l'amiral Creinssen, lorsque le chevalier de Saint-Laurent l'avertit que l'on venait d'apercevoir dans la rade de Nieves une frégate anglaise trois fois plus grande que la patache dans laquelle il se préparait à partir. M. de la Barre répondit que jusqu'alors les colons ne s'é-taient jamais inquiétés de la supériorité de force des ennemis, et qu'il était de son devoir d'entrete-nir cette confiance parmi des gens qui ne pouvaient trouver leur salut que dans l'audace. Il mit donc à la voile pour la Martinique, passant si près du vais-seau anglais, qu'il put entendre les matelots qui couvraient les châteaux d'avant et d'arrière se répéter joyeusement : *Well, very well*, comme s'ils eussent applaudi à sa confiance. Sa patache de cent vingt tonneaux eût, en effet, tenu tout entière sur le tillac de la frégate ennemie [1], qui était percée

1. Père Dutertre, p. 228.

de quarante-quatre sabords et portait trois cents hommes d'équipage. Les Anglais laissèrent passer le petit navire sans tirer un coup de canon; mais, dès qu'il eut doublé la pointe de Nieves, ils levèrent l'ancre, se mirent à sa poursuite et le rejoignirent vers neuf heures du soir. Un volontaire, craignant l'issue du combat, engagea M. de la Barre à monter sur le brigantin qui suivait la patache, afin de continuer sa route, tandis qu'ils feraient face aux ennemis; et comme le lieutenant-général paraissait surpris de cette proposition, il l'assura que le lord Willougby avait agi ainsi dans une circonstance pareille [1]. M. de la Barre ne répondit rien; mais, faisant aussitôt approcher le brigantin, il donna ordre au capitaine de retourner seul à Saint-Christophe en emmenant toutes les barques; puis, se tournant vers le volontaire, il lui dit froidement :

— Je ne suis point un lord Willougby, monsieur; et votre sort sera le mien

1. Devant la Guadeloupe. — Voyez père Dutertre, vol. IV, p. 113.

En même temps il ordonna aux canonniers de ne tirer qu'à la flottaison, et il courut au château d'arrière, le fusil à la main, pour repousser les ennemis qui venaient d'aborder.

XXXVIII

La première mêlée fut terrible. M. de la Barre reçut sept balles dont deux le blessèrent profondément ; mais il se fit asseoir sur un matelas roulé, le dos appuyé au bastingage, et, bien qu'il nageât dans son sang, il continua à donner des ordres et à encourager les siens. Les Anglais, repoussés au premier abordage, en tentèrent un second par le beaupré sans être plus heureux. La batterie basse de la patache continuait d'ailleurs à les foudroyer, et leur navire faisait eau de toutes parts. Ils laissèrent enfin la patache déborder, et quittèrent les châteaux pour courir aux pompes. Mais tout à coup on vit leur grand mât s'abattre, chargé de toutes ses voiles; l'arrière de la frégate se souleva, montrant à la clarté des étoiles le nom de *Glocester* écrit en lettres d'or, puis un long cri retentit, et tout s'enfonça dans l'abîme.

Dès que M. de la Barre eut été pansé, il appela le capitaine Bourdet, qui lui apprit que la patache avait le beaupré emporté, le mât de misaine près de rompre, les haubans hachés et toutes les voiles brûlées. Il fut donc résolu que l'on retournerait à Saint-Christophe pour la réparer; mais, en y arrivant au point du jour, le navire désemparé tomba au milieu de la flotte anglaise, forte de onze voiles. Il fit aussitôt vent arrière pour Sainte-Croix, poursuivi par un des vaisseaux ennemis. M. de la Barre, ayant appris que ce vaisseau les gagnait, se fit porter sur le pont, mit en travers, et ordonna le branle-bas de combat. C'en fut assez pour dégoûter l'Anglais de sa poursuite; il vira aussitôt de bord, et la patache, continuant sa route sans être inquiétée, atteignit Sainte-Croix, puis la Martinique.

Le lieutenant-général y trouva, comme il l'espérait, l'amiral hollandais Creinssen, et convint avec lui d'attaquer l'escadre anglaise. MM. de Clodoré et du Lion s'embarquèrent pour cette expédition, chacun avec six cents hommes. Tous les colons voulaient les suivre, et il fallut employer la violence pour les en empêcher [1]. Du reste, le combat qui eut lieu devant Nieves fut plus bruyant que décisif. Un malentendu mit le désordre parmi nos vaisseaux, et l'ennemi, qui avait l'avantage du vent, en profita pour s'échapper, après avoir perdu seulement deux navires. Toutefois le principal but que s'était proposé M. de la Barre fut atteint : on put ravitailler Saint-Christophe et y jeter quelques troupes.

Ces secours étaient d'autant plus nécessaires, qu'après le départ des Hollandais, le lord Willougby resta maître de la mer et en profita pour tenter une descente dans cette île. Son escadre, qui comptait alors quatorze grands vaisseaux, montés par huit mille cinquante combattants, longea les côtes de

1. *Relation,* etc., II, p. 145.

Saint-Christophe pendant quelque temps, dans un ordre de bataille qui présentait alternativement un groupe de navires et une flottille de chaloupes chargées de soldats. Enfin, ceux-ci débarquèrent un peu au-dessous du fort des Dames, sur une plage plus basse que le sol de l'île, auquel on ne pouvait arriver qu'en remontant la rivière Pelan, la ravine de l'Indigoterie, ou un étroit sentier coupé dans la falaise. Les Anglais choisirent ce dernier chemin; mais M. de Saint-Laurent, qui venait d'y arriver avec une douzaine de cavaliers, les tint en échec jusqu'à ce qu'il eût été rejoint. Les assaillants se portèrent alors vers la rivière, d'où on les repoussa avec le même emportement. L'ardeur des Français était telle, qu'une chaloupe ayant voulu aborder à quelque distance du champ de bataille, des colons qui l'aperçurent de loin accoururent sans chef pour la recevoir à la lame, et, comme les ennemis semblaient hésiter à leur aspect, ils jetèrent leurs fusils, se lancèrent dans la mer, abordèrent la barque à la nage, et tuèrent tout ce qui s'y trouvait. Pendant ce temps, le lord Henri Willougby, qui était ivre depuis le matin, dormait tranquillement dans sa frégate, au bruit du canon et de la mousqueterie. Ses officiers ne savaient à quoi décider, lorsqu'il parut enfin sur le pont et vint s'appuyer contre la lisse comme à un balcon. On lui apprit alors que les chaloupes de débarquement avaient été forcées de rejoindre les navires, laissant à terre cinq cents hommes qui demandaient du secours.

— Du secours! répéta le lord en regardant son tillac couvert de morts; qu'ils prient Dieu de les sauver! Et il ordonna d'appareiller.

Cependant, comme il s'aperçut peu après que les malheureux qu'il avait abandonnés venaient d'être reçus à merci par les Français, qui étaient déjà descendus sur la plage pour relever les blessés, il fit ranger la terre et y envoya toutes ses bordées, tuant la plupart de ses compatriotes dans le seul but d'atteindre quelques ennemis.

XXXIX

Cette nouvelle victoire fit attendre aux colons avec plus de patience les secours de la France qui leur étaient annoncés depuis plus d'une année. Grâce aux instances de Colbert, l'amiral de Beaufort avait effectivement reçu l'ordre d'équiper une flottille pour les Antilles; mais les capitaines désignés au commandement des navires s'excusèrent, « représentant à l'amiral que les actions faites en ce pays étaient dérobées à la cour et ne servaient en rien à leur avancement[1]. » Le duc de Beaufort,

1. *Relation,* etc., vol, II, p. 224

touché de ces réclamations, en référa au roi, qui, ne sachant à quoi se décider, répondit que *rien ne pressait.* On suspendit donc tout préparatif; les vingt compagnies qui avaient été réunies passèrent en Flandre, et les Antilles furent abandonnées à leurs seules forces, sans vivres, sans flotte et sans munitions.

Or, tandis que le gouvernement français montrait cette indifférence pour ses colonies, l'Angleterre semblait comprendre d'autant mieux le prix des siennes qu'elle les sentait près de lui échapper. Aussi, chaque désastre, loin de la décourager, l'excitait-il à un plus grand effort. En apprenant les avantages remportés par les Français, elle envoya le chevalier Harmant avec une nouvelle flotte, qui se renforça de celle de lord Willougby et vint attaquer les vaisseaux de la compagnie rangés sous les forts de la Martinique. Les volontaires qui les défendaient combattirent pendant sept jours; mais enfin, manquant de poudre, i.s se virent forcés de saborder les navires et de regagner le rivage.

Les Anglais étaient si peu accoutumés à réussir

dans leurs entreprises, qu'ils crurent avoir remporté une grande victoire et qu'ils se retirèrent, dit le père Dutertre, le cœur aussi gonflé que leurs voiles. Cependant ils avaient perdu cinq cents hommes dans cette attaque, et leurs navires étaient si mal-traités qu'ils n'osèrent rien entreprendre de nouveau contre les Antilles. Après s'être réparés à la rade de Nieves, ils se décidèrent à faire voile pour Surinam et pour Cayenne.

Ainsi délivrés d'inquiétude, les colons se hâtèrent de retourner à leurs plantations forcément négli-gées pendant cette longue lutte, et songèrent à uti-liser les terres conquises sur l'ennemi. Les cases brûlées dans le quartier anglais de Saint-Christophe avaient déjà été rebâties, les terres étaient remises en culture, les sucreries commençaient à se réta-blir, et les habitants espéraient obtenir enfin le prix de tant d'épreuves, lorsque arriva le traité de paix conclu à Breda. Par ce traité, la France rendait aux Anglais leurs possessions de Saint-Christophe, de Mont-Serrat, de Saint-Eustache, de Tabago et d'Anti-goa, sans qu'aucun dédommagement fût stipulé en

faveur de nos colons. Après les avoir laissés supporter toutes les fatigues de la guerre, on leur en
arrachait la moisson; tant de persévérance et de
courage n'avait d'autre résultat que de les ramener
au point de départ, et les vaincus se retrouvaient,
grâce à la diplomatie, sur un pied d'égalité avec les
vainqueurs.

Le traité fut pourtant exécuté de bonne foi; mais
les Anglais, qui avaient à s'indemniser de grandes
pertes, jugèrent que cette réparation ne suffisait
pas. Comme ils avaient commencé les hostilités
longtemps avant la déclaration de guerre, ils pen-
sèrent qu'ils pouvaient les poursuivre longtemps
après le traité de paix, et leurs corsaires continuèrent à prendre les navires, à enlever les nègres et
à piller les marchandises de nos colons qu'ils ven-
daient publiquement à la Barbade et à la Jamaïque.

Tant que ces brigandages profitèrent aux Anglais,
toutes les réclamations furent inutiles; mais leur
déloyauté devait recevoir sa punition. Les pirates
dont ils avaient autorisé les violences contre notre
commerce ne tardèrent pas à trouver l'autorisation

trop restreinte. Ennuyés de choisir leurs ennemis, ils déclarèrent la guerre au genre humain, hissèrent à leur pic ce terrible pavillon noir sur lequel apparaissait *le squelette de la mort perçant un cœur saignant*, et devinrent aussi redoutables à leurs compatriotes qu'aux autres nations.

XL

Les incroyables expéditions de ces bandits répan-
dirent successivement la terreur dans les ports
d’Angleterre, d’Espagne, de France et de Hollande.
Pendant près de dix années, il n’y fut bruit que
d’Édouard Low qui coupait les oreilles à ses prisonniers pour les leur faire manger en poivrade;
du capitaine Theach, dont la longue barbe noire était
ressée avec des rubans, l’écharpe garnie de six
paires de pistolets et le chapeau orné de deux mè-
ches allumées; du major Stede Bonnet, de Jean

Rackam et d'une foule d'autres qui pillaient les navires, pendaient les officiers et déposaient les équipages dans des îles désertes [1]. Le nombre de ces
écumeurs de mer finit par devenir si grand, qu'ils
songèrent à fonder dans l'île de la Providence une
république dans laquelle les devoirs du citoyen devaient se résumer en une seule phrase : *être ami
de soi-même et ennemi de tout le monde*. Mais heureusement leur projet avorta.

Du reste, ces transfuges d'une société que la plupart d'entre eux haïssaient surtout parce qu'ils n'y
pouvaient rentrer, n'attaquaient point seulement
les armes à la main les institutions qui les condam-
naient; aux heures de repos ils s'efforçaient de se
les présenter à eux-mêmes sous des formes odieuses
ou ridicules, comme ces démons du sabbat qui pa-
rodiaient les saintes cérémonies de l'Église pour se
consoler d'en être exclus. Le capitaine Johnson nous
a conservé le canevas d'une de ces satires jouées
par Austie et par ses compagnons dans les *caies* qui

---

1. *Histoire des Pirates anglais*, par Charles Johnson.

avoisinent la côte méridionale de Cuba [1]. Le capitaine des forbans est déguisé en juge et assis sur un arbre; au-dessous sont les jurés et le procureur-général. On amène un des pirates les mains liées et la tête basse.

LE PROCUREUR-GÉNÉRAL, *prenant la parole.* — Sauf le bon plaisir de votre seigneurie et de messieurs les jurés, voici, devant vous, un indignissime coquin que je vous supplie de faire pendre comme ayant commis plusieurs actes de piraterie sur la haute mer. Les preuves de ces actes sont aussi claires que nombreuses: d'abord ce drôle a essuyé plus de mille tempêtes et s'est toujours sauvé quand le navire se brisait, preuve évidente qu'il était destiné à la potence, selon l'article de loi qui établit que *quiconque est né par la corde ne périra jamais dans l'eau.* Secondement il est certain qu'il a bu de la petite bière, ce qui ne peut laisser aucun doute sur sa culpabilité, d'après les belles paroles de votre sei-

1. *Histoire des Pirates anglais,* p. 260-264.

gneurie elle-même, qui a déclaré que tout homme sobre était un fripon! J'en pourrais dire davantage, mais l'eau-de-vie est à sec, et un magistrat vraiment digne de ce nom peut-il parler selon les lois quand il n'a rien à boire? Je prie donc monseigneur de m'excuser et je conclus à ce qu'il lui plaise d'en finir avec ce vaurien.

LE JUGE. — Voyons, drôle! qu'as-tu à répondre pour que je ne métamorphose pas sur-le-champ ton corps en merluche séchée au soleil? Es-tu coupable ou non coupable?

LE CRIMINEL. — Non coupable, sous le bon plaisir de votre seigneurie.

LE JUGE, *avec colère.* — Non coupable! Si tu répètes ce mot, drôle, je t'envoie à la potence. Réponds-moi seulement, comment veux-tu être jugé?

LE CRIMINEL. — Selon les lois de mon pays.

LE JUGE. — Le diable t'emporte! (*Se tournant vers les jurés*). Il me semble, messieurs les jurés,

que nous pouvons tout de suite condamner ce coquin.

LE PROCUREUR-GÉNÉRAL. — C'est mon avis, car
si on le laissait parler, il pourrait se justifier, ce qui
serait un affront pour la cour.

LE CRIMINEL. — Je vous supplie, monseigneur,
de réfléchir.

LE JUGE. — Qu'est-ce que c'est?... tu oses parler
de réfléchir! apprends, maraud, que je n'ai réfléchi
de ma vie... Je juge.

LE CRIMINEL. — Mais j'espère que votre seigneurie daignera écouter mes raisons...

LE JUGE, *l'interrompant*. — Entendez-vous, messieurs les jurés, comme ce misérable babille?...
Nous n'avons que faire de tes raisons, coquin; nous
ne sommes pas ici pour entendre des raisons... nous
procédons selon les lois!... Le dîner est-il prêt?

LE PROCUREUR-GÉNÉRAL. — Oui, monseigneur.

LE JUGE. — Écoute donc, faquin, écoute et viens
devant la barre. Tu dois être pendu pour trois rai-

sons. La première, parce qu'il ne serait pas juste que
je présidasse ici sans que personne fût pendu ; la
seconde, parce que tu as une mine patibulaire ; la
troisième, parce que j'ai faim ! Car sache, misérable,
que quand le dîner du juge est prêt avant que le
plaidoyer soit fini, on doit condamner le prisonnier
à être pendu, de peur de laisser refroidir la soupe.
Voilà les lois de ton pays ! Holà ! geôliers, qu'on em-
mène ce coquin.

Certes, cette parodie de la justice anglaise révèle
plus d'observation et d'*humour* qu'on ne devrait en
attendre de pareils hommes ; mais il faut se rappeler
que les pirates de cette époque ne furent point tous
de grossiers matelots poussés au crime par la
crainte d'un châtiment ou par la pauvreté. Plusieurs
officiers de marine anglaise se laissèrent séduire à
cette vie d'aventure et y apportèrent les ressources
d'esprits cultivés. Ce furent eux qui donnèrent à cette
insurrection contre la société une sorte de couleur
et de consistance, et qui réussirent même à gagner
quelques gouverneurs de leur nation, qu'ils asso-

cièrent à leurs pirateries. Enfin, les mesures prises à la Martinique, à la Guadeloupe, à Saint-Domingue et à la Jamaïque, réussirent à délivrer l'Atlantique de ces écumeurs de mer, qui de 1675 à 1720 avaient abordé plus de cinq cents navires et détruit ou pillé pour plus de vingt millions de marchandises.

FIN

TABLE